債権回収ものがたり

司法書士による不動産・動産・債権の執行実務

司法書士 仲野知樹 著
司法書士 恒川照美

中央経済社

はじめに

　裁判が終わって判決が確定しても，離婚などで養育費や慰謝料を取り決めた公正証書ができあがっても，相手方が債務を履行してこなければ，誰も何もしてくれません。つまり，誰かが動かなければ判決も公正証書も単なる「絵に描いた餅」なのです。

　でも，「絵に描いた餅」をこのまま飾っておいていいわけはありません。本物の「絵に描いた餅」はもちろん食べられませんが，なんとか食べられる餅にするために，と法が用意したものが「民事執行手続」です。

　必ずしも美味しく食べられる餅になるとは限りませんが，民事執行手続は，手続の概要と流れを理解すればそれほど難しいものではありません。やらなければ眺めるだけの餅の絵ですが，やってみる価値はあるのです。

　詳しくは，本文で述べますが，民事執行手続の多くは，正確で詳細な申立書と添付書面さえ裁判所に提出すれば，あとの流れの大半は裁判所において進めてくれます。

　そこで，本書では，正確で詳細な申立書と添付書面を必要とする不動産登記や商業登記を主な業務とする司法書士が，債権回収の依頼を受けたというストーリーを，新米補助者である永岡亜沙美の視点を通じて描き，同時進行で民事執行手続についての解説をさせていただきました。ストーリーのみを飛ばし読みしてイメージを把握してくださってもいいですし，途中に組み込んだ解説を手引書としてご利用いただけるようにしましたので，みなさんの民事執行手続の整理の一助となれば幸いです。

　なお，当然ながらストーリーはあくまでフィクションであり，登場人物や裁判所などについては，実際には存在しておりません。また，本書は，あくまで

金銭債権の回収の依頼を前提としており，民事執行手続における執行異議や執行抗告といった不服申立手続や競売物件を買い受ける側からの説明などを割愛していますので，その点はご容赦願います。

　それでは，司法書士高宮良一郎の活躍をお楽しみください。

仲野　知樹
恒川　照美

Contents

目　　次

はじめに／i
凡　　例／6

ストーリー	頁	コラム，関連解説，記載例等	頁

プロローグ……………1		

第1章　電話の相談……5	コラム1　特定商取引に関する法律 　　　　　（特商法）の適用について………9

第2章　事情聴取………11	書　式　覚書（分割払い）………………15

第3章　事件始動………21	

第4章　周辺調査………27	関連解説(1)　不動産執行の概要………………33
	関連解説(2)　不動産執行の申立て……………43
	記載例1　執行文付与申立書 　　　　　（確定判決）………………58
	記載例2　判決正本送達証明申請書 　　　　　（申請用）…………………59
	記載例2　判決正本送達証明申請書 　　　　　（証明用）…………………60
	記載例3　不動産強制競売申立書…………61
	記載例3　不動産強制競売申立書 　　　　　（当事者目録）………………62

	記載例3	不動産強制競売申立書 （請求債権目録）……………63
	記載例3	不動産強制競売申立書 （物件目録）………………64

第5章　反応あり………65

第6章　いざ訴訟へ……71	関連解説(3)	自動車執行の概要……………77
	関連解説(4)	自動車執行の申立て…………87
	記載例4	自動車強制競売申立書………100
	記載例4	自動車強制競売申立書 （当事者目録）……………101
	記載例4	自動車強制競売申立書 （請求債権目録）…………102
	記載例4	自動車強制競売申立書 （自動車目録）……………103
	記載例5	自動車引渡執行申立書………104
	記載例5	自動車引渡執行申立書 （自動車目録）……………105

第7章　訴訟提起………107	記載例6	訴状（リフォーム代金返還 請求事件）…………………110

第8章　送達不能………115

第9章　現地調査………121

第10章　勝訴判決………127

第11章	預金差押……135		

第12章	空振り………139	コラム2	財産開示手続及びその改正について……………………144
		関連解説(5)	債権執行の概要………………145
		コラム3	民事執行法の改正について ―取立権の発生時期の見直し……155
		関連解説(6)	債権執行の申立て （預金債権）………………157
		記載例7	債権差押命令申立書 （預金債権）………………168
		記載例7	債権差押命令申立書 （預金債権）（当事者目録）………169
		記載例7	債権差押命令申立書 （預金債権）（請求債権目録）………170
		記載例7	債権差押命令申立書 （預金債権）（差押債権目録）………171
		コラム4	民事執行法の改正について ―第三者からの情報取得手続の新設（債務者の預貯金債権等に係る情報の取得）………172

第13章	再検討………173	関連解説(7)	債権執行の申立て （給与等債権）………………179
		記載例8	債権差押命令申立書 （給与等債権）………………186
		記載例8	債権差押命令申立書 （給与等債権）（当事者目録）………187
		記載例8	債権差押命令申立書 （給与等債権）（請求債権目録）……188

	記載例 8	債権差押命令申立書 （給与等債権）（差押債権目録）…… 189
	コラム 5	民事執行法の改正について ――第三者からの情報取得手続 の新設（債務者の不動産・ 給与債権に係る情報の取得）… 190
	関連解説(8)	動産執行の概要………………… 191
	関連解説(9)	動産執行の申立て……………… 200
	記載例 9	動産執行申立書………………… 207
	記載例 9	動産執行申立書 （請求金額計算書）…………… 208
	記載例 9	債務者に関する調査表………… 209

第14章　出張調査……… 211

第15章　家賃差押……… 219	関連解説(10)	債権執行の申立て （賃料債権）…………………… 225
	記載例10	債権差押命令申立書 （賃料債権）…………………… 231
	記載例10	債権差押命令申立書 （賃料債権）（当事者目録）……… 232
	記載例10	債権差押命令申立書 （賃料債権）（請求債権目録）……… 233
	記載例10	債権差押命令申立書 （賃料債権）（差押債権目録）……… 234

エピローグ…………… 235

解説1	少額訴訟債権執行の概要‥‥239			
解説2	少額訴訟債権執行の申立て（預金債権）‥‥247	記載例11	少額訴訟債権執行申立書‥‥‥‥256
		記載例11	少額訴訟債権執行申立書（預金債権）（当事者目録）‥‥‥‥257
		記載例11	少額訴訟債権執行申立書（預金債権）（請求債権目録）‥‥‥‥258
		記載例11	少額訴訟債権執行申立書（預金債権）（差押債権目録）‥‥‥‥259

※本書は，令和元年5月末日の法令等に基づき執筆されております。

【凡例】

1 法令名の表記
頻出する法令名の略記は次のとおりです。
　　法 → 民事執行法
　　令 → 民事執行法施行令
　　規則 → 民事執行規則
　　民訴法 → 民事訴訟法
　　民訴規則 → 民事訴訟規則
　　民訴費用法 → 民事訴訟費用等に関する法律
　　仮登記担保法 → 仮登記担保契約に関する法律
　　司法書士規則 → 司法書士法施行規則
　　執行官手数料規則 → 執行官の手数料及び費用に関する規則

2 裁判所の表記
　　最高裁 → 最高裁判所
　　東京地裁民事21部 → 東京地方裁判所民事第21部
　　大阪地裁第14民事部 → 大阪地方裁判所第14民事部
　　仙台地裁第4民事部 → 仙台地方裁判所第4民事部
　　名古屋地裁民事2部 → 名古屋地方裁判所民事第2部
　　広島地裁民事4部 → 広島地方裁判所民事第4部
　　東京簡裁 → 東京簡易裁判所

3 主要文献の表記
『民事執行の実務・不動産執行編（上）』
　→『民事執行の実務（第3版）不動産執行編 上』東京地方裁判所民事執行センター実務研究会編著：金融財政事情研究会
『民事執行の実務・不動産執行編（下）』
　→『民事執行の実務（第3版）不動産執行編 下』東京地方裁判所民事執行センター実務研究会編著：金融財政事情研究会
『民事執行の実務・債権執行編（上）』
　→『民事執行の実務（第3版）債権執行編 上』東京地方裁判所民事執行センター実務研究会編著：金融財政事情研究会

凡　例　**7**

『民事執行の実務・債権執行編（下）』
　→『民事執行の実務（第3版）債権執行編　下』東京地方裁判所民事執行セン
　　ター実務研究会編著：金融財政事情研究会
平野『実践民事執行法民事保全法』
　→『実践民事執行法民事保全法（第2版）』平野哲郎：日本評論社
中野・下村『民事執行法』
　→『民事執行法』中野貞一郎・下村正明著：青林書院
園部『民事執行の実務（上）』
　→『民事執行の実務（上）』園部厚著：新日本法規
園部『民事執行の実務（下）』
　→『民事執行の実務（下）』園部厚著：新日本法規
『新基本法コンメンタール民事執行法』
　→別冊法学セミナーNo.227『新基本法コンメンタール民事執行法』山本和彦・小
　　林昭彦・浜秀樹・白石哲編：日本評論社
『執行官実務の手引』
　→『執行官実務の手引（第2版）』執行官実務研究会編：民事法研究会
『注釈司法書士法』
　→『注釈司法書士法（第3版）』小林昭彦・河合芳光著：テイハン
『書式　不動産執行の実務』
　→『書式　不動産執行の実務（全訂10版）』園部厚著：民事法研究会
『書式　債権・その他財産権・動産等執行の実務』
　→『書式　債権・その他財産権・動産等執行の実務（全訂14版）』園部厚著：民
　　事法研究会
『やさしい民事執行法・民事保全法』
　→『やさしい民事執行法・民事保全法』小林秀之・山本浩美著：法学書院
『弁護士業務書式文例集』
　→『弁護士業務書式文例集』弁護士業務書式研究会編著：日本法令

プロローグ

　平成24年11月中旬のある晴れた日の夕方であった。
　晩秋の夕焼けに染まるオレンジ色の光が，事務所の西側の窓から差し込んできたので，新人事務員の永岡亜沙美は，西に背を向けて仕事をする所長の高宮良一郎のパソコンに西日が当たらないようにとブラインドを閉めた。今日ももうすぐ仕事が終わるわ，と亜沙美は思った。

　亜沙美が「司法書士きさらぎ法務事務所」に入所したのは今月始めだったから，まだ半月もたっていない。サラリーマン家庭で育った亜沙美は，新卒で入社した会社を3年足らずで退職して以来，半年もの間，親元でなにをするでもなく過ごしていた。
　会社に勤めているときは，会社員とはわが身を削って時間を切り売りするようなものだ，と亜沙美はいつも思っていた。上司の目を気にして必死に仕事を探して働いたとしても，机を前にして多少の仕事をしながら時が過ぎ去るのをただ待っていたとしても，給料として受け取るお金にそれほどの大きな差はない。お金ですべてを計るという発想は持ち合わせていない亜沙美であったが，大きな会社の小さな歯車として働く会社員の仕事に，面白さを見つけることができなかったので，少し体調を崩したのを理由にして退職してしまったのである。
　もっとも，安定を捨てたことに後悔はないと言い切るだけの強さも亜沙美にはなかった。多少あった蓄えもだんだんと心細くなってきたことだし，いつまでも親のすねをかじり続けるわけにもいかない。そろそろどこかで

仕事を見つけようかな，などと考え始めた矢先に，亜沙美は高校時代の友人から地元のつかさ市にある司法書士事務所を紹介された。
　亜沙美にとっては，法律の仕事も，小さな事務所という職場も初めてのことだったし，そもそも司法書士という職業がなにをするのかさえ知らなかったが，知らない業界もそれなりに面白いかもしれない，と考えて一度面接に行くことにしたのだった。
　就職の面接なら，亜沙美にも大いに経験がある。就職活動中，さんざん大学の面接シミュレーションを受けたし，それを参考に面接をくぐり抜けて内定を勝ち取ったが，「御社のすばらしい技術を世界に広めて社会の役に立ちたいと思いまして…」などと持ち上げて面接相手のご機嫌を取るのは気持ちの上では本心でなかった。しかし，とりあえず，まずは敵を知らなければならない。亜沙美は，インターネットや図書館で資格の本を読んで司法書士の仕事について調べてみた。そして，法務局という国の機関が不動産や会社の登記というものを取り扱っていて，司法書士はその登記申請を代理する仕事をしていることがわかった。それから，裁判所や検察庁に提出する書類を作る仕事や，簡易裁判所という金額の少ない裁判を取り扱っているところでは，代理人として裁判をする仕事もしていることなどといった大まかなこともわかった。亜沙美にとっては，法律なんてものは自分の人生には関係ないものに思われたが，とりあえず知人の紹介で就職の面接を受ける者としての最低限の礼儀を尽くしていたのである。

　面接の日，亜沙美は指定された時刻の15分前にきさらぎ法務事務所の最寄りの駅であるつかさ中央駅にいた。ここから事務所まで歩いて5分はかからない。亜沙美の家の最寄り駅である東つかさ駅からは2駅だったから電車通勤も楽そうだし，何よりつかさ中央駅には大きな駅ビルがあって仕事帰りの買い物もできるから，仕事場としての条件に不足はなかった。
　亜沙美は，駅からゆっくり歩いて事務所へ向かい，約束の時間の5分前に事務所のドアの前に着いていた。小さく深呼吸してから，少し緊張して

玄関のドアホンを押すと,「はい,どうぞ。」という男性の声がした。亜沙美が言われたとおりにドアを開けて中に入ると,真正面に受付のカウンターがあり,右手には応接室らしき扉があって,カウンターの衝立の向こうにあるであろう事務室は,入口から直接見えない構造になっていた。
　衝立の後ろから出てきた30歳前後の若いさわやかな男性は,亜沙美を右手の応接室に通して椅子に座るように促したあと,テーブルを挟んで向いの椅子に座った。
「はじめまして。小坂陽次です。」
「永岡亜沙美と申します。よろしくお願いいたします。」
「すみませんが,所長の高宮良一郎は急用で不在です。ぼくが代わりに面接をするようにと言われていますので。」
　亜沙美は,用意してきた履歴書を陽次に渡しながら,帰ろうかなと一瞬思った。所長の予定に合わせて今日の面接日程が組まれたのに,代理に面接させるほど軽く見られているならどうせ採用されないだろう。でも,次の就職面接のシミュレーションになるからまぁいいか,と亜沙美は考え直して陽次の話を聞くことにした。
　陽次は,履歴書を見ながら全く関係のない話を少ししていたが,あとは初出勤の日時を確認しただけで,亜沙美はものの10分で帰路につくことになった。
　まったく！　就職の面談に所長がいないなんてどういうことよ,雑談しかしないなんてどういうことなのよ,亜沙美は,ブツブツと文句を言いながら先ほど来た道をつかさ中央駅へと戻って行った。要するに,面接とは言っても単に面通しをしただけで,誰が来ても雇うのが前提だったというわけね。でも,あの人,所長のいとこだって言っていたっけ。もし私が気に入らなければ初出勤の日時を言わずに追って連絡すると言うだろうから,所長は,彼に採否の全権を委ねたのかしら。ということは,それなりの面接だったと思えなくもないか…。
　亜沙美は,たった一人の採用枠である狭き門を見事にくぐり抜けて就職

口を勝ち取ったような気分を味わうことには全くならなかったが，小さな事務所で仕事の全容がわかるのであれば，それはそれなりに面白そうな気がしたし，なによりほかに就職口を探すのも面倒くさかった。そして，家の前までたどりついたときには，まっいいか，とひとりごとを言いながら，「ただいまぁ。」と家に入って行った。両親からのさり気なくも責めるような視線を気にしないで済むだけありがたい，と思えたのである。

第 1 章 電話の相談

　さて，この日は木曜日だったから，亜沙美にとって勤務第 2 週目の疲労は，すでにピークに達していた。あと 1 日だわ，今日もなんとかこなしたなぁ，と机に広げた書類をぼんやりと眺めていたとき，いきなり電話が鳴った。

　もうすぐ今日の仕事が終わるのに，誰かしら，いやだな，と思いながら，亜沙美は自分の机の上の受話器を取った。まずは事務所の取引先を知るためにも電話は受けるようにと，面接のときに雑談の中で陽次から言われていたからである。

　勤め始めてからの半月程度で，同じ人がそれほど頻繁に電話をかけてきたわけではなかったから，亜沙美は電話の相手が取引先なのか単なる営業の電話かもわからず，まだまだ緊張しながら対応していた。会社勤めをしていたときには，単に営業セールスだけの電話を受けることはなかったからである。

「はい，きさらぎ法務事務所でございます。」
「司法書士さんの事務所ですか？」
　かけてきた電話の主は，少し年配の女性のようだった。営業の電話には思えない。
「はい，そうですが。」
「お金を返してもらえないので，相談したいのですが，そういうお仕事はしていらっしゃいますか。」
「え～っと。そ，それでは，本職と替わりますので，少しお待ちください

ませ。」
　そう答えてから，右手の人差し指で保留音のボタンを探し当てて押し，亜沙美は顔を上げて良一郎を見た。電話の応対に耳をダンボにしてじっと亜沙美を見つめていた良一郎は，目が合ってしまって小さく気まずい咳払いをした。
「高宮先生，お金を返してもらいたいという女性の方です。」
　良一郎は，自分でもわざとらしいとは思ったが，ニッコリと笑って「今の対応よかったよ。」などとおあいそを言いながら，自分の電話の受話器を取った。
「お電話代わりました，司法書士の高宮です。」
「三浦と申します。私，お金を返してもらえないのでなんとか取り返したいんですが，そういうことはやっていらっしゃいますか。」
「やらせていただいておりますよ。で，返してもらいたいとおっしゃる金額はおいくらなんですか？」
「100万円です。」
「100万円？…どなたかにお金を貸したのですか？」
「いえ，貸したのではなく支払ったのです。」
「なんのために支払ったんでしょうか？」
「実は，半年ほど前に，三好リフォーム企画という会社の社長で三好さんという人が家に訪ねて来て，屋根のリフォームを勧められたんです。それで，お願いすることにしてすぐに100万円を振り込んだんです。」
「100万円ものリフォームをずいぶんと早く決めちゃったんですねぇ。」
「はい。以前に屋根の修理の見積もりを取ったときはもっと高かったので，100万円なら安いと思ったんですよ。でも，その翌日に近所の人からそういう詐欺があるという話を聞きまして…。早く決め過ぎたこともあって怖くなっちゃったものですから，自分でクーリングオフの内容証明を送ったんです。」
「ほ〜っ，ご自分でクーリングオフを？　すごいですね。」

「ええ。急いで本屋さんに行って買ってきた本を読んで。文房具屋さんで売っている用紙に本のとおりに書いて送っただけなんですけどね。そうしたら，三好社長から電話がありまして，毎月50万円ずつ2回の分割にしてほしいっていうんです。これはもうしかたがないのかなと思いましてね，せめて書面を出してほしいと言ったら，覚書を2通送ってきたんです。さすがにこれで返金してくれるだろうと思って私も印鑑を押して1通を送り返したんですけれど，いくら待っても1回も支払ってこなくて…。」

「それはひどいですね。返す気がないのかなぁ。」

「それで，訴訟を起こすしかないのかなと思って簡易裁判所へ相談しに行ってみたんです。」

「へぇ～，今度は簡裁ですか？」

　話がだんだんと佳境に入ってきたところで，良一郎は，壁にかかった時計をチラっと見た。すっかり日も暮れて空も真っ暗な午後5時ちょうど。さっきまでまぶしいくらいの西日が射し込んでいたのに，つるべ落としとはよく言ったものだ。亜沙美も陽次も，良一郎の電話に耳をそばだてて聞いている。新しい相談にはいつも興味津々で勉強のネタにしている陽次はともかく，亜沙美の勤務時間はもう終わりだというのが良一郎は気になった。

「で，裁判所でどうなさったんですか？」

「はい，いろいろと説明していただいたんですが，ちょっと難しくて…。私が訳のわからないような顔をしていたからでしょうかね，裁判所の人から，司法書士さんに相談してみたらどうですか？と勧められまして。それで自宅から近いほうがいいと思って，そちらにお電話してみたんです。」

「だいたいのお話は，わかりました。それでは，一度事務所へ来ていただけませんか？」

「はい。いつ伺えばいいでしょうか？」
　良一郎は，気を利かせて陽次が差し出した手帳を受け取り，今週のページを開いて確認してから答えた。
「早いほうがいいのであれば，明日金曜日の午前10時から1時間くらいなら時間がとれるのですが。」
「わかりました。では，明日の10時にお伺いします。」
「それでは，リフォーム契約書とか分割払いの書面とか，関係すると思われる書類をご用意ください。それから，なにか認印でもお持ちいただければ…。」
「書類はまとめてありますので，あとは印鑑ですね。わかりました。では，よろしくお願いします。」
　電話を切ると，机の向かい側から陽次が目を輝かせて良一郎を見ていた。亜沙美は良一郎が気付かないうちにいつの間にかいなくなっている。陽次が残業代を考えて急いで亜沙美を帰したのだろう。それとも，亜沙美が興味を持つことなくそそくさと帰宅したのか…まぁ，どっちでもいい。とりあえず，残業代は支払わなくて済みそうだった。
「明日の午前10時ですね？　お名前は？」
「三浦さんという方だよ。えらいよなぁ，自分でクーリングオフをやったんだっていうんだから。」
「リフォーム詐欺かなんかの相談ですか？」
「詐欺かどうかはわからないさ。返したくても相手方の会社にお金がないのかもしれないしね。とにかく明日もう少し詳しく聞いてみるよ。」
「そうですね。明日はとりあえず抵当権の抹消登記を申請するだけだから，ぼくが永岡さんに教えてあげますよ。」
「うん，頼む。陽次も抵当権の抹消なら完ぺきに教えられるからね。」
「良ちゃん，あ，いけない，先生。『たかが抹消，されど抹消』ですよ。」
「はは，いいよ，誰もいないんだから良ちゃんで…。陽次は昔からよ〜く良ちゃん，良ちゃんってくっついてきたもんな。でも，抹消をばかにし

ないなんて，陽次も大人になったものだね。」
「抹消ができなければ売買の決済で損害賠償ですからね。何事も基礎が大事なんですから。」
「ほ〜っ。立派，立派。じゃ，閉めておくからもうあがっていいよ。」
　そう言うと，良一郎も帰る支度を始めた。
「帰ってから訴訟の要件事実について調べてみよ〜っと。じゃぁ，お疲れ様でした。」
　陽次は，そう言いながら玄関を出て行った。

> **コラム1**　　特定商取引に関する法律（特商法）の適用について
>
> 1　三好敬二は，三好リフォーム企画という屋号で住宅リフォームを行う役務提供事業者です。その三好が三浦小枝子の自宅を訪問して，屋根の修理をするという役務提供の契約を小枝子との間で締結した行為は，2条1項1号の訪問販売に該当します。
> 2　小枝子は，役務提供契約締結の日から8日以内に内容証明郵便によりクーリングオフの意思表示をしましたので，9条1項に定める要件を満たしていることから同条2項により解除の効力は，内容証明郵便を発送したときに生じました。もっとも，契約書に5条に定める事項が記載されていなかったのであれば，いつでもクーリングオフをすることができることになります（9条1項ただし書）。
> 3　小枝子は，工事代金全額を振り込み，三好はこれを受領しましたが，小枝子のクーリングオフにより，三好は受領した金銭は全額を速やかに返還しなければなりません（9条6項）。

第2章 事情聴取

　翌朝，亜沙美は午前8時45分に事務所に着いた。業務時間は午前9時から午後5時までだから5分前くらいに事務所に着けばいいのだが，お湯を沸かしたりパソコンの立ち上げや机の上の掃除などといった事務所の管理は，来週から陽次と1週間ごとの交代で任されることになっているので，今週までは陽次のやり方を見て覚えるために亜沙美は少し早くやってきていたのである。
　先に来ていた陽次は，ちょうど電気ポットに水を入れてスイッチを入れたところだった。
「よっ，永岡さん，おはよう。」
「おはようございます，センパイ。」
　亜沙美が会社勤めをしていたとき，初めて配属されたチームに1歳年上の女性がいた。センパイと呼んでいろいろと教えてもらったが，どうも部下からセンパイと呼ばれると気分がいいらしい。そこで，今度も同じ手を使ってみたのだが，案の定，陽次も照れながらまんざらでもないようだった。
「今日は，抵当権の抹消登記をやってみようね。」
「テイトウケンの抹消ってなんですか？」
　勤め始めて2週間目の最後の日なんだし，まだ難しいことはいやだなぁ，と思いながら，亜沙美は尋ねた。
「抵当権って聞いたことない？」
　ほこり取りのワイパーをパソコンの画面に手際よく這わせながら，陽次

は言った。
「例えば，銀行がお金を誰かに貸すとするよね。この借りた人，つまり"債務者"が返済できなくなったときのために，銀行は債務者の自宅とかに抵当権を設定して登記をするんだ。よく，担保を付けるって言うでしょう？ 抵当権はその担保のひとつなんだよ。今日これからやる仕事は，依頼者が借りたお金を全部銀行に返したんで，その担保で付けた抵当権の登記を抹消するのさ。」
「へ～。世の中ってそんなふうになっているんですかぁ。そう言えば，去年，やっと住宅ローンが終わったって父と母が喜んでいましたけど，あのとき抵当権の抹消をやっていたんですね，きっと…。おもしろ～い！」
亜沙美は，100円ショップで売っている小さなほうきとチリトリのセットを持って机の上の消しゴムのカスを集めながら答えた。
「おはようさん。なんの話？」
と言いながら，事務所に入った良一郎が声をかけてきた。陽次と亜沙美は声を揃えて「おはようございます」と返してから，
「抵当権の抹消登記の話ですよ。永岡さんのうちは，去年住宅ローンが終わったんでもう無担保なんだそうですよ。」
と陽次が答えた。
「そりゃ，惜しかったね。もう少し早く永岡さんがうちの事務所に来ていれば，お父さんのために抹消登記をやってあげることができたのにね。」
と良一郎が言うと，亜沙美は，自分が覚える前に父親が抵当権の抹消をしてしまったことが気になったのか，ちょっと残念そうな顔をした。
「そうだ，永岡さん。今日10時に昨日夕方に電話があった三浦さんという女性が相談にみえるからお茶を頼むね。」
そう言いつつ，良一郎はもう仕事の態勢に入っていた。机の上の自分専用のパソコンで登記の委任状を送る説明書を作り始める。依頼者には面談のときに一通りの説明をしていても，委任状の内容をきちんと確認してもらったうえで署名・押印してもらわなければならないから，今後の手続の

流れと委任状の説明をする書面は，委任状そのものよりも，登記申請よりもずっと手間がかかるのである。

陽次は，登記のオンライン申請専用パソコンの前に亜沙美を座らせて，抵当権の抹消登記について説明をし始めた。それぞれの机の上には書類を作るためのパソコンがあるが，コピー複合機の隣には，オンライン申請の窓口を1つにするためだけに共通パソコンが1台置いてある。亜沙美はこの共通パソコンの正面に座り，陽次が横に並んで座りながら，依頼者から預かった書類を手にそれぞれの書類の意味を説明していた。陽次の説明を聞いていた亜沙美は，必死にメモを取っていたが，なにしろ用語の漢字もわからずになんだかチンプンカンプンであった。それでも，今度誰かから聞かれたら応えられるようにとでも思ったのか，必死になって質問を繰り返していたので，陽次もできるだけ丁寧に答えていた。

それぞれが仕事に集中してきたところで，10時ちょうどにドアホンが鳴った。おそらく昨日の電話の女性に違いない，と陽次が亜沙美と顔を見合わせ，目が合ったところで亜沙美はすくっと立ち上がって入口のドアを開けた。

そこには，小柄な年配の女性が立っていた。
「10時に予約をいただいております三浦と申します。」
お待ちしておりました，と亜沙美はその女性を招き入れて入口の右手にある応接室に案内し，「今，本職を呼んでまいりますので，お掛けになって少しお待ちください。」と言いながら扉を閉めた。

亜沙美が事務室に戻ってくると，陽次が「ねぇ，どんな人だった？」と興味津々の様子で尋ねてきた。亜沙美は，お茶の仕度をしながら，
「そうですねぇ，小柄な方ですけど，きちんとしたしっかり者っていう感じの方でしたよ。70代半ばくらいですかね。高そうなネックレスもしていて。あれは，サファイアじゃないかなぁ？」などと一瞬で観察したすべての情報を話した。

良一郎は，事件受託票を用意しながら亜沙美の情報を逃さず入手し，ノックをして応接室に入って行った。テーブルを挟んで向かい側から名刺を差し出し，

「どうも，はじめまして。司法書士の高宮です。よろしくお願いします。」

と良一郎が言うと，その女性は，促されて座っていた椅子から立ち上がり，丁寧におじぎをした。

「昨日は，お電話で失礼しました。三浦小枝子と申します。よろしくお願いいたします。」

　ひととおりの挨拶を交わしていたところに，「失礼します。」と小声で言いながらお茶を持って亜沙美が入ってきた。まずは小枝子の前に，続いて良一郎の前にお茶を置いた亜沙美が部屋から出て行ったのを見計らって，良一郎は小枝子に話しかけた。相談するためにやってきていながら肝心な話をしたがらない相談者がたまにいるが，年配の女性は，たとえ事務員であっても相談内容は聞かれたくないという傾向にあるのを良一郎は経験から学んでいたのである。

「早速ですが，リフォーム代として支払った100万円がクーリングオフしたのに返って来ない，というお話でしたよね。」

「はい，これがリフォームの契約書です。そして，これが100万円の振込用紙。それから，クーリングオフの内容証明郵便と分割払いの覚書です。」

　良一郎は，小枝子が次々に整然とテーブルの上に並べていった書類を端からひとつひとつに目を通していったが，昨日の電話の話で間違いはなさそうだった。それにしてもこのように順序立ててもれなく説明できるのだから，この三浦さんは確かにしっかり者なのだろう，亜沙美の観察力に感心しながら，良一郎が何気なく小枝子の胸元を見ると亜沙美の言うとおり，確かに青いサファイアのペンダントヘッドがキラキラと輝いていた。これは観察力なんてもんじゃないぞ，瞬間情報察知能力だ！　良一郎には，亜沙美が特殊能力の持ち主のように思えた。

覚　　　書

平成24年7月15日

　三浦小枝子を甲とし，三好リフォーム企画を乙として，甲と乙は以下のとおり合意した。
1　乙は，甲との間の平成24年6月15日付リフォーム工事契約書に基づく契約（以下，「本契約」という。）につき，甲の申し出による解除を了承しました。
2　これに伴い，乙は，本契約に基づいて甲が支払った金100万円を下記のとおり分割払いにより甲に返金いたします。

記

返済方法　①平成24年8月末日限り金50万円
　　　　　②同年9月末日限り金50万円
振込先　　若竹信用金庫つかさ中央支店
　　　　　普通預金　№0843150「ミウラサエコ」名義

以　上

首都県つかさ市中央二丁目3番4号
　　（甲）　　三　浦　小枝子　㊞

首都県つかさ市本町三丁目4番5号
　　（乙）　　三好リフォーム企画
　　　　　　　代表　三　好　敬　二　㊞

「最初のリフォーム契約さえ急がなければ…，その後の三浦さんのなさってこられたことは，完璧だったんですけれどね。」
「はい。本当に失敗しました。2年前に夫に先立たれましてね。近いうちに息子一家が転勤先から戻って同居してくれるなんて言い出したので，帰ってくるのなら屋根くらい直しておかなくちゃ，なんて思ってしまったのがいけなかったのですね。」
「そうですか。息子さん一家が同居してくださるなんて，今どきいいお話じゃないですか。リフォームしておこうっていう三浦さんのお気持ちもわかりますよ。」
　良一郎は，少しずつ相談者の心を解きほぐして行くことを忘れなかった。
「それで先生，訴訟を起こすと，三好リフォーム企画は支払ってくるでしょうか？　100万円も取りっぱぐれたなんて息子にバレたら怒られるし，ご近所にも恥ずかしいです。」
　小枝子は，心配そうに尋ねた。
「そうですね。では，訴訟と調停について少し説明しましょう。」

　良一郎は，訴訟提起から確定判決を取るまでの流れについての説明を始めた。
「まずは，訴訟についてお話しますね。」
　小枝子は，急いでバッグの中から小さなメモ帳とペンを取り出す。
「訴訟を起こしますと，裁判所が相手方に訴状の"副本"という，訴状と同じ書類を送るんです。」
　小枝子は，良一郎の話に熱心に耳を傾けながら時折メモを取り始めた。
「そして，裁判の期日に訴えた側の"原告"と，訴えられた側の"被告"が出席して証拠書類などでそれぞれの主張をぶつけ合うわけです。裁判官がもう十分だろうと判断したら，裁判を終わらせます。その後に判決が出るわけですが，途中で，裁判官から和解を進められることも多くて，双方が納得して折り合いがつけば和解が成立して裁判終了ということに

なるんですよ。」
「なるほど。TVのニュースとか，2時間ドラマで見るのと同じような流れなんですね。」
　小枝子は，興味深そうに答えた。
「そうですね。」
　良一郎があいづちを打つと，小枝子は，続けて最大の懸念について尋ねた。
「あのぅ，裁判で勝てば，お金を支払ってもらえるんでしょうか？」
「う〜ん，裁判で勝ったとしても，残念ながらこれを無視する被告がいないわけではありません。そんなときの手段としては，強制執行という手続を取らなければならないんですよ。」
「キョウセイシッコウ？」
「たまにTVで，自宅や預金などの財産を差し押えたというようなニュースをお聞きになったことはありませんか？」
「あぁ，あります。その差押えのことですか？」
「そうです。ただ，これも差し押える財産があるかどうかによって強制執行をしても無駄になってしまうこともあるんですよ。」
　小枝子が話すこれまでの三好リフォーム企画とのやり取りからすると，執行まで行く可能性もあるな，と良一郎は心の中で思いながら話を続けた。

「それから，調停についてなんですけれども，裁判所という場所で調停委員という第三者を間に入れて双方が話し合いをするのが調停です。相互に自分の主張したいことを調停委員に聞いてもらって少しずつ譲歩できる部分を擦り合わせていくんです。あくまでも話し合いですから，もしも妥協点が見つからなかったり，相手方がわざと欠席するようであれば話し合うのは無理ですから調停は成立しません。」
「じゃあ，もし三好社長と私が調停で話し合った場合に折り合いがつかなければ調停は成立しないということなんですね？」

小枝子は，すでに自分の事件に重ね合わせて良一郎の話を聞いていた。
「そうですね。調停が成立しなければ，次は訴訟にならざるを得ませんね。」
「そうですか…。第一，三好社長は出てくるかしら？」
「わからないですよね。三好社長がちゃんと裁判所に出てきてくれれば話し合いができる可能性がありますが，これまでのお話を伺った限りではちょっと難しいかもしれません。でも，もし調停が成立すれば三好社長が100万円を支払ってくる確率は，訴訟よりも高いかもしれないですよ。」
「そうなんですか？」
「はい。訴訟のように裁判所に一方的に決められたのと違って，話し合いで自分の希望をある程度認めてもらって納得したうえでの調停成立ですからね。ところで，三浦さん。この三好リフォーム企画というのは，会社なんですかね？」

小枝子の持ってきた書類を見て良一郎は，三好リフォーム企画の前後に株式会社や有限会社などといった，法人であることを示す会社の種類が書かれていないことに気付いていた。一般に知られた大手企業ならいざ知らず，町の小さな会社が法人の種類を記載しないで契約書などの書類を作ることはほとんどなく，良一郎自身，屋号以外にこれまで見たことがなかったのである。

「どういう意味ですか？」
小枝子には，良一郎の質問の意味がわからなかった。
「つまり，会社として登記してあるかどうかということなんですが，それによって訴訟の当事者が変わってくるんです。それにほら，この振込先ですが，三好敬二さんの個人宛になっていますよね？」
「だって，契約書に書いてあるとおりの口座に振り込んだんですよ。」
「おっしゃるとおりです。でも，普通，会社なら会社名義の口座に振り込みますよね？」

「あら…じゃ私，騙されたんでしょうか？」
　小枝子は，急に困惑したような顔になった。良一郎は，小枝子の不安を少しでも取り除こうと思って前向きな話に切り替えた。
「そうとも限りませんよ。会社じゃなければリフォームの仕事ができないというわけではないんですから。とりあえず，訴訟を提起する前に，一度，相手に支払いを請求する内容証明を送ってみたらどうでしょうかね？　もちろん事前に三好リフォーム企画が会社かどうかをちゃんと調べてからですけれど。それで，なにか反応があれば交渉してみますし，なんの反応もないのであれば，三浦さんのご心配のとおりで，調停では出てこない可能性が高いでしょう。」
「先生にお任せします。私も100万円をこのまま失うのは悔しいですから。よろしくお願いします。」
　良一郎は，小枝子の"任せる"という言葉を聞いたので，今度は，司法書士の代理権の範囲や，報酬を含めた訴訟費用などの事務的な説明に入った。事件を受任するたびに繰り返す同じような説明だから，良一郎の口からは言葉が淀みなく流れ出て来た。そして，さらに委任契約書を読み合わせて確認し，小枝子から署名と押印をもらったのであった。
　小枝子は，これから始まる面倒な手続を良一郎に任せたことで少しは気が楽になったのか，来た時よりも心なしか明るい顔をして帰って行った。

第3章 事件始動

「先生，三浦さんの件は，どんな事件だったんですか。」

良一郎が小枝子を送り出して事務室へ戻ったとたん，陽次が聞いてきた。亜沙美は，共通パソコンの前で，自分が書いた抵当権抹消についてのメモを読んでいたが，陽次の質問に敏感に反応して顔を上げて良一郎を見た。陽次は，良一郎の様子から小枝子の事件が訴訟案件になりそうな気がしていたのだが，勉強中の身で，実例を学べるのはありがたいのであった。

良一郎は，陽次とともに興味を示す亜沙美に対して，まず守秘義務についての説明をした。

司法書士というのは，地元密着の仕事も多い。だから，時として友人の知り合いとか，親の知人などの依頼者が意図せずに訪れることもあるのだ。万が一，依頼者の個人情報や依頼内容が漏れたりしたら，単なる噂話では済まされない。亜沙美にはくれぐれも個人が特定できるような話はたとえ家族であっても漏らさないようにと釘を刺してから，事件の概要を話していった。

「先生，その"三好リフォーム企画"って，そもそも会社なんですかね？ちょっと登記情報で調べてみた方がいいですよね。」

陽次は，早速，自分の机の上のパソコンから三好リフォーム企画の登記情報を探し始めた。

インターネットが普及したおかげで，ずいぶんと楽になった。昔は，不動産であればその管轄の，会社であればその本店を管轄する法務局へ出向いて行かなければ，登記簿を閲覧したり登記簿謄本を取ることができな

かった。だから，遠方の不動産や会社を調べるのはたいへんなことだったので，その地の近くで開業する同期の司法書士に頼んだりして調べてもらったりしたものだった。そもそも不動産や会社の謄本を手数料を払ってでも取ってもらいたいという，今では考えられないような"謄本取り"という仕事すら存在していたのである。それが，現在では事務所のパソコンから一瞬にして不動産や会社の情報を入手できるようになっただけでなく，全国の法務局にその商号での会社の登記記録があるかどうかもわかるのだから，本当に便利になったものである。良一郎は，小さいころ泣きながら自分のあとを追いかけてきていたあの陽次が，インターネットを駆使して情報を得ようとする姿を頼もしく思った。

登記業務も訴訟業務も情報は多ければ多いほどいい。陽次は，小枝子が持ってきた契約書に書いてある本店と商号をもとにしばらくパソコンで検索していたが，いくら探しても三好リフォーム企画の登記情報を取ることはできなかった。そこで，すぐに登記情報サービスの画面を閉じてから今度は検索サイトで"三好リフォーム企画"を検索してみると，契約書に書かれた住所である「首都県つかさ市本町３−４−５」の「三好リフォーム企画」という業者にたどり着いたのであった。

「先生。"三好リフォーム企画"という会社の登記はどこにもありませんよ。ただ，同じ住所の三好リフォーム企画のホームページを見つけました。屋根の修理や床下の除湿などを得意としていると書いてありますから，間違いないようですね。でも，このホームページにも会社概要が出ていませんよ。」

「ふ〜ん。ということは，やっぱり屋号なんだね。」

良一郎が応じると，亜沙美がすかさず「先生，ヤゴウってなんですか？」と聞いてきた。

「永岡さん。会社っていうと，どんな種類があると思う？」

良一郎は，さらに情報を得ようとする陽次の隣に回り込んで，パソコン

画面を覗き込みながら，逆に亜沙美に尋ねた。
「会社の種類って，製造業とかサービス業とかのことですか？」
「そうだよね。普通の人はそういう種類で分けると思うんだけど，法律の世界では，会社の種類と言えば，組織形態で分けるんだ。株式会社とか，合同会社，合名会社，合資会社といった種類があるんだよ。会社は，それぞれの種類に応じた登記をしなければその種類の会社を名乗ってはいけない。だから，例えば，"株式会社三好リフォーム企画"って名乗っていれば登記しているということになる。そうなれば，登記情報で会社の本店とか，社長の住所なんかの確認ができるわけさ。」
良一郎は，陽次に渡した契約書を今度は亜沙美に見せながら言った。
「ほら，永岡さん。この契約書，三好リフォーム企画の三好敬二って書いてあるところに会社の印鑑のようなものを押しているけれど，株式会社とも有限会社とも書いてないだろう？ それに三好敬二の名前の前には代表となっているけれど，社長とか代表取締役とかの肩書も書いてない。」
「あっ，本当ですね。ということは会社じゃないっていうことですか？」
「そのとおり。でもね，例えばパン屋さんとか八百屋さんには店に名前がついているだろう？」
「なんとかベーカリーとか？」
「そうそう。でも，店に名前がついていても必ずしも会社になっているとは限らない。会社じゃないけど，名前をつけて商売をしている，そういうお店なんかの名前を"屋号"っていうのさ。もっとも屋号も登記はできるんだけど，やっている人はほとんどいないんじゃないかなぁ。」
「ふ～ん，そうなんですか。それで，先生。それが三浦さんの訴訟とどんな関係があるんですか？」
亜沙美は，さらに突っ込んだ。
「いいところに気がついたね。三浦さんが誰を被告にして訴訟を起こすかに関係してくるんだ。三好リフォーム企画が会社なら契約の当事者である会社が被告。屋号なら三好敬二個人が被告になるってわけだよ…。」

良一郎は，小枝子から預かったクーリングオフの内容証明郵便，覚書，振込用紙の宛先を確認したうえで，"三好リフォーム企画こと三好敬二"を宛名にして小枝子が支払った100万円の返還を求める内容証明郵便をとりあえず店の住所に送るしかないな，と思った。

「陽次。三好リフォーム企画の店の様子はどうなっているのかな？」
　陽次のパソコンは，すでにインターネットの道路地図サイトの画面で三好リフォーム企画の店の前にいた。2階建の建物の1階が店舗になっていて，ガラスに囲まれた店の入り口ドアには，白い文字で「三好リフォーム企画」と書いてある。2階は住居になっているようだが，賃貸物件だろうか。
「悪いけど，ついでのときでいいからこの店へ行ってみてくれるかな？　なにかつかめるかもしれないからね。」
「わかりました。銀行に行ったついでにでも前を通ってみます。永岡さんも機会があれば様子を見に行ってみてよね。」
「はい。私，お天気のいい日に自転車でちょっと遠回りしながら，前を通って通勤してみます！　で，なにを見てくればいいですか？　お客さんのふりをして中に入ってみましょうか？」
　亜沙美は，目を輝かせて良一郎に尋ねた。いつの間にか探偵会社に勤務している見習い探偵のような気分になっている。
「おい，おい。犯罪捜査じゃないんだから，あんまりへんなことしないでくれよ。危ない目に合わせたらご両親に申し訳が立たないじゃないか。永岡さんの瞬間情報察知能力は，必ずいつか役に立ててもらうときがくるからさ。」
　良一郎が言うと，陽次が，すかさず「なんですか，その"瞬間情報察知能力"って？」と聞いてきた。
「三浦さんを玄関から応接室に通してくれたほんの数十秒ほどの間に永岡さんが仕入れた情報は，多くてしかも的確だったからね。」

「そうでしたっけね。ペンダントとか人柄のイメージとか…。」
「相当の観察力だよね。予備知識があったから，おかげで三浦さんと話を進めるのも楽だったよ。」
良一郎がほめると，亜沙美はまんざらでもない様子で少してれ笑いの表情を浮かべた。

「さっ，永岡さん，続きをやろう。」
陽次が自分のパソコンを待ち受け画面に戻しながらいきなり振り向いたので，亜沙美はあわててさっき覚えたばかりの抵当権の抹消登記についてのメモを探して申請専用パソコンの前に座った。
良一郎は，早速小枝子のための内容証明郵便の文案を作り始めた。この内容証明郵便も，以前は内容証明郵便を取り扱っている大きな郵便局へ書面を持って行くしか方法がなかったが，今はインターネットで送ることができるようになっている。ずいぶんと楽になったものだ。おかげで事務所から出かけることも少なくなってしまったのだが。
内容証明郵便は，裁判の前だからといって無理に送る必要はない。しかし，相手方が受け取るかどうか，なにか反応があるか，というように見知らぬ相手の様子を窺うことができる。司法書士の訴訟代理権は基本的には金額にして140万円以下だから，裁判業務は決して割のいい仕事ではないし，裁判外の和解で終わる方が依頼者にとっても司法書士にとっても実は有難いわけで，その糸口を探るチャンスのひとつでもあった。それに，いきなり裁判所から訴状が届くと，話し合おうと思っていたのに突然訴訟を起こされたと相手が激怒してしまうこともある。そうなると，裁判所で和解を勧められても感情的に和解に応じないということにもなりかねない。
内容証明郵便を送るのは，そのような感情的になることをできるだけ避けるという目的もあった。良一郎は，とりあえずその日のうちに，内容証明郵便を契約書にある三好リフォーム企画の住所宛に送って相手の反応を待つことにした。

第4章 周辺調査

　内容証明郵便を送ってから5日が経ったある朝，良一郎が出勤すると，亜沙美と陽次は，すでに事務所の朝の準備を終えて良一郎を待っていた。
「先生，おはようございます。私，見てきました！」
　亜沙美が目を輝かせていきなり言い出したので，良一郎は思わず，なにを？と聞き返した。継続中の事件はいくつもあるから，ひとつの事件にずっと着目しているとほかの仕事がおろそかになる。小枝子の事件は気にはなっていたが，すでに内容証明郵便を出したあとであり，良一郎が待っていたのは三好からの連絡だったから，一瞬なんの話かわからなかったのであった。
「いやだなぁ，先生。三好リフォーム企画ですよ。永岡さん，天気のいい日は自転車通勤に切り替えてわざわざ様子を見てきてくれていたんです。」
　陽次が助け船を出した。亜沙美は，電車で2駅先の東つかさ駅からきさらぎ法務事務所のあるつかさ中央駅まで通勤していたが，良一郎から調査を頼まれてからは，天気のよい日には自転車で通いながら三好リフォーム企画の店の前を通過して観察していたのだった。
「おぉ，そうか，そうか。ごめん，悪かったね。で，どんな様子だったの？」
　良一郎は，小枝子の事件を自分の頭の中にある引き出しの中から瞬時に出して興味深そうに亜沙美に尋ねた。
「何回かお店の前を通り過ぎてみたんですが，今日は周囲にも誰もいない様子だったので，自転車を止めてちょっと中を覗いてみたんです。入口

のドアはガラス張りで，道路に面した部分もガラス窓が多かったからお店の中がよく見えたんですけれど，コピー機が1台，電話器しかない机と椅子が1人分と，簡単な応接用セット。それから，壁にカレンダーがひとつと，あとポスター式のカレンダーが1枚貼られていました。机のまわりには書類みたいなものがほとんどなくて，ちゃんと仕事をしているのか，ちょっと疑問ですね。それに，ほら，建築設計事務所とかによくある大きな製図用のデスクなんかもなかったんですよ。」
「永岡さん，怪しまれなかった？」
　良一郎が，亜沙美の報告と関係ない心配をして尋ねた。
「大丈夫ですよ。ちゃんとお店に電気がついていないことも，人がいないことも確認してから覗きましたし，ほんの30秒くらいのことですからね。」
「それならいいけれどね。で，カレンダーとポスターって，どんなやつ？　どこかの会社の名前とかなかったかな？」
　良一郎は，重要な手がかりになるかもしれない情報が欲しかったのである。
「え～っと，ポスターには，確か，みかげ信用金庫と書いてありました。たぶんATMコーナーとかの近くに年末に丸めて箱に立てかけてあって，『ご自由にお持ちください』っていうメモ用紙がついているような，そういうポスターだと思います。それから壁のカレンダーにも下の方になにか書いてあったんですが，こっちは字が小さくてちょっと読めませんでした。」
「みかげ信金か。陽次，あのあたりで一番近い支店だと？」
　良一郎が，陽次を見ると，すでにパソコンでみかげ信金のHPから一番近い支店を探していた。
「先生。本町支店ですね。」
　小枝子が振り込んだのが日の出銀行つかさ支店だったから，ほかにみかげ信金の本町支店とも取引があるかもしれないな，と良一郎は思った。小

枝子にも説明したが，100万円の請求訴訟で勝ち取っても被告が支払ってこなければ，なにか財産を差し押さえることを考えなければならない。そんなときのために，被告の財産の情報は1つでも多く欲しかった。
「そうか。みかげ信金の本町支店と取引があるかもしれないということだね。永岡さん，どうもありがとう。助かったよ。」
　亜沙美は，役に立ったことが嬉しかったのか，満足そうな顔でペコンと頭を下げてから仕事を始めようと机に戻ろうとしたところで，急に立ち止まり，思い出したように言い出した。
「先生，忘れるところでしたが，あのお店の2階は，三好さんの自宅だと思うんですよ。」
「えっ，そうなの？」
　陽次がびっくりしたように横から亜沙美に聞いた。
「はい。2階はお店の横の奥にある外階段で上がるようになっているんですけど，階段のところに表札があって"三好"って書いてあったんです。だから，あれ，自宅だと思うんですよね。」
「永岡さん，でかしたよ。その情報は，大収穫だよ。三好の自宅がわからないとちょっと面倒だなって思っていたんだ。陽次，早速不動産の調査をしよう。」
「わかりました。住所はわかっていますから，地番検索できれば登記情報がとれるかもしれません。」

　二人の会話を聞いていた亜沙美には，なにが大収穫なのか理解できなかっただけでなく，地番検索という言葉の意味もわからなかった。
「センパイ，チバンケンサクってなんですか？」
「地番検索っていうのはね，住所と地番を結びつけるシステムなんだ。住所は，郵便物なんかが届く住民票に登録された所在地のことだよね。だけど，登記のシステムでは，土地は地番，建物は家屋番号という住所とは違う番号で管理されているだろう？」

「はい。それは私にも少しわかるようになってきました。要するに，1軒の家に見えても土地は2筆に分かれていることもあるから，住所だけで土地を管理するのは無理だということですよね？」

「そういうこと。だから，住所から地番を検索できるシステムは有難いんだよね。地番検索はすべての地域で利用できるわけじゃないんだけど，つかさ市のような都市部は利用できる可能性が高いんだ。ほら，ビンゴ！」

陽次は，三好の店舗兼自宅の底地の地番を探し当てて，その登記情報を共同担保付で請求してみた。

「先生，三好の店舗兼自宅の底地の登記情報が取れました。土地の所有者は三好敬二本人です。共担ありです。」

そう言いながら，陽次は登記情報を2通プリントアウトして1通を良一郎に手渡した。

「建物の登記情報，取りますね。」

「頼むよ。」

良一郎は，陽次から渡された土地の登記情報をチェックしながら答えた。

「建物は，店舗兼居宅で所有者は三好本人です。」

陽次は，建物の登記情報も2通プリントアウトして，1通を良一郎に渡した。

「先生，銀行とかの担保がついているということですよね？」

陽次の様子を見ながら良一郎とのやり取りを見ていた亜沙美が聞いてきた。

「ほう，永岡さんもずいぶんと登記記録の構造がわかるようになってきたね。」

「だって先生，私，最近はちゃんと自分で抵当権抹消の申請書類も準備ができるようになってきたんですよ。もちろん共同担保目録のチェックもしていますし。ねぇ，センパイ？」

陽次に同意を求めたが，そうだね，と気のない返事をするだけだったので，亜沙美は口を少しとがらせて不機嫌そうな顔をした。
「永岡さんの進歩が早いから，陽次はひがんでいるんだよ。な？」
「違いますよ，先生。永岡さんに惜しげもなく知識を授けているのはぼくなんですから。それより，三好の自宅には，担保が２本もついていますね。」
「そうだね。」
　三好の店舗兼自宅の土地と建物には，第１順位で日の出銀行つかさ支店を取扱店とする政府系金融機関の抵当権が，第２順位で日の出銀行系の株式会社日の出保証サービスの抵当権がついていた。
「合計で7,000万円か。けっこうな債権額だね。」
「そうですね。ただ，１本目の4,000万円の抵当権は自宅の土地と建物だけですけど，２本目の抵当権は3,000万円で，自宅だけじゃなくて牧野山市の土地と建物も担保に入っていますよ。こっちは１年前につけたばかりですね。」
「牧野山市か…ずいぶん遠いね。」
「そうですね。どうしますか，登記情報とりますか？」
「いや，いいよ。いくらなんでも債権額100万円で不動産執行は無理だろう。予納金だってかかるんだし…。」
「先生，ヨノウキンってなんですか？」
　亜沙美はこのところ，何にでも興味を示すようになって，良一郎と陽次の間で飛び交う用語にも敏感に反応する。良一郎も陽次も，聞かれたことには丁寧に説明するようにしているが，期待以上に亜沙美は理解するのが早く，ずいぶんと吸収しているようだった。
「予定の予，納付の納，と書いて予納金というんだけど，要するに前もって裁判所に納めるお金のことだよ。不動産執行を申し立てると，不動産を評価したりするために50万円くらいの予納金を債権者が納めなくちゃいけないんだ。入札するときの基準価格を決める必要があるからね。」

「え〜っ，50万！　100万円を回収するのに50万円かかるってことは，50万円しか手元に残らないじゃないですか！」

亜沙美は納得がいかないという顔で，良一郎を責めるように言った。

「いや，うまくいけば予納金は戻ってくるんだけどね。とりあえず用意はしなくちゃいけないからね。」

と，良一郎は言い訳をするように答えた。

「先生，それ，分割払いはだめなんですか？」

「面白いことを言うね。分割払いとか後払いができればいいんだけど，残念ながら開始決定が出たら支払わなくちゃいけないんだよ。不動産は競売するときに基準の売却額を決めなくちゃいけないんだけど，そのためには専門家に評価してもらう必要があって予納金はそういう費用に充てるんだ。それに，三好の自宅にはもう合計7,000万円の抵当権がついているから，もし競売を申し立てたとしても無剰余になるかもしれない。」

「先生，そのムジョウヨってなんですか？」

良一郎は，亜沙美の質問にわかりやすく答えた。

「例えば，ある不動産の価値が1,000万円で，100万円の競売申立てをしたとする。登記された第1順位の抵当権で担保された債権が1,500万円残っていたなら担保割れだと裁判所が判断する。そうなると，売却代金からこちらが申し立てた100万円を回収する余地はないから，競売も取り消されてしまうことになるんだ。」

「だから，無剰余と言うんですね。それじゃ，三好さんの不動産には手が出せないかもしれないということですか。」

「うん。三浦さんの請求額が100万円だからね，お金がかかる不動産執行は，リスクも大きいというわけさ。」

良一郎は，亜沙美に説明しながら，ため息をついた。

関連解説(1)　不動産執行の概要

　ストーリーの中で検討されていた「三好敬二」の自宅の土地建物に関する不動産執行について，少し詳しくみていきましょう。

1．不動産執行の分類

　不動産執行は，大きく2つに分類することができます。1つ目は，債務者に対して金銭の支払いを認めた確定判決等の「債務名義」を得て，これに基づいて裁判所に不動産執行を申し立てる「不動産に対する強制競売」（法43条～92条）です。
　2つ目は，住宅ローンのように，あらかじめ債務者等の所有する不動産に抵当権等の担保権を設定しておき，債務の支払いが滞った場合には，債務名義を取得することなく，その担保権に基づいて裁判所に不動産執行を申し立てる「不動産を目的とする担保権の実行としての競売」（法180条～188条等）です。
　後者は，不動産執行の申立て前に債務名義を取得しなくて良い点で，当然に前者より手続が簡便ですから，実際の不動産執行においては，後者の件数が前者の件数を大きく上回ります。平成29年度の両者の既済事件数を比較してみると，「不動産等に対する強制競売・強制管理」は4,741件であるのに対し，「不動産等を目的とする担保権の実行としての競売等」は18,568件と，約4倍の開きがあるのです（司法統計より）。

2．不動産執行の手続の流れ

　次に，不動産執行の手続の流れをざっとみていきましょう。ストーリーの展開では，「三浦小枝子」が「不動産を目的とする担保権の実行としての競売」を申し立てるのは無理なので，ここでは「不動産に対する強制競売」の手続を

みることにします。なお，民事執行法上，「不動産を目的とする担保権の実行としての競売」は，「不動産に対する強制競売」の規定を多数準用していますので，「不動産に対する強制競売」の手続を理解してしまえば「不動産を目的とする担保権の実行としての競売」の手続についてはそれほど難しくないと思います。

(1) 強制競売の申立て

まず，「不動産に対する強制競売」をするためには，強制競売申立書を作成したうえで（規則1条），必要書類を添付し（規則23条，23条の2等），原則としてその不動産の所在地を管轄する地方裁判所に申立てをします（法44条）。

ストーリーでいえば，「三好敬二」の自宅の土地建物の所在地を管轄する「首都地方裁判所」に強制競売を申し立てることになります。なお，強制競売申立書の記載事項及び添付書類については，後述します。

(2) 強制競売開始決定

次に，裁判所が強制競売申立書等をチェックしたうえで，書類や法律上の問題がないと判断した場合には，裁判所がその強制競売の手続を開始させる旨の開始決定をし，不動産を差し押える旨を宣言します（法45条1項）。

(3) 差押登記の嘱託及び債務者への開始決定の送達

強制競売の開始決定がなされると，裁判所がその旨を債務者に知らせるために債務者へ開始決定正本を送達し（法45条2項），また，裁判所書記官が，その不動産の登記記録に差押えの登記をするよう登記官（法務局）に嘱託します（法48条1項）。

法律上は，「差押えの効力は，強制競売の開始決定が債務者に送達された時に生じる。ただし，差押えの登記がその開始決定の送達前にされたときは，登記がされた時に生ずる。」（法46条第1項）と規定されていますが，実務上は，差押えの登記が完了して登記事項証明書が裁判所に送付（法48条2項）された

あとに，開始決定正本を債務者に送達する取扱いとなっています（『民事執行の実務・不動産執行編（上）』140頁，平野『実践民事執行法民事保全法』128頁参照）。

この取扱いは，開始決定正本の送達を受けた債務者が差押えの登記前に第三者に不動産の所有権移転登記をしてしまうと，第三者は所有権の取得を対抗できることになる（民法177条）ことから，強制競売が取り消されてしまう（法53条）という事態を防止するためと考えられます（中野・下村『民事執行法』389頁参照）。

なお，申立債権者（開始決定後は「差押債権者」といいます）に対しては，開始決定後直ちに開始決定正本を普通郵便等で送るなど，適宜の方法にて開始決定が告知されることになります（規則2条2項，園部『民事執行の実務（上）』54頁参照）。

ストーリーでいえば，「三浦小枝子」からの申立てを受けた「首都地方裁判所」は，直ちに「三浦小枝子」に開始決定正本を普通郵便等で送付するとともに，「三好敬二」の自宅の土地建物の所在地を管轄する「首都地方法務局つかさ出張所」に対して差押えの登記を嘱託します。

次に，「首都地方法務局つかさ出張所」が「三好敬二」の自宅の土地建物の登記記録に差押えの登記を完了し，その旨の登記事項証明書を「首都地方裁判所」に送付します。裁判所は，これを受け取ったあとに「三好敬二」へ開始決定正本を送達するという流れになるわけです。

(4) 配当要求の終期の決定，その公告及び抵当権者等に対する債権届出の催告

不動産に対する強制競売においては，
① 差押債権者
② 差押えの登記前に登記された仮差押債権者
③ 差押えの登記前に登記された抵当権等の担保権者

は，差押債権者と同じように不動産の売却代金から配当を受ける権利を有します（法87条1項）。

また，上記①〜③以外にも，
④　債務者に対して執行力のある債務名義を有する者
⑤　差押えの登記後に登記された仮差押債権者
⑥　所定の文書によりその存在を証明した一般先取特権者

も，不動産の売却代金から配当を受ける権利を有していますが，これらの者については，一定の期限までに債権の原因や債権額等を記載した書面を裁判所に提出する（これを「配当要求」といいます）必要があります（法51条1項，87条1項2号，規則26条）。この期限を「配当要求の終期」といい，裁判所書記官は，差押えの登記完了後に配当要求の終期を定め（法49条1項），これを裁判所の掲示場等に掲示して公告します（法49条2項，規則4条1項）。

さらに，
⑦　債務者に対する租税債権（公租公課）を有する税務署等の官公署
⑧　差押えの登記前に登記された仮登記担保権者

も，同様に配当を受ける権利がありますが，⑦の官公署は，配当要求の終期までに「交付要求」をする必要があり（国税徴収法82条1項等，最高裁平成2年6月28日第一小法廷判決：民集44巻4号785頁・裁判所Web等），⑧の仮登記担保権者も，配当要求の終期までに担保仮登記である旨や債権額等を届け出る必要があります（仮登記担保法17条2項）。

そして，裁判所書記官は，裁判所において登記記録等からその存在を把握できる②の仮差押債権者，③の担保権者，⑦の官公署，⑧の仮登記担保権者に対しては，債権の存否や債権額等を配当要求の終期までに裁判所に届け出るよう催告します（法49条2項，仮登記担保法17条1項）。

(5) 現況調査，評価

開始決定がなされると，裁判所は，執行官に命じて，不動産の形状，占有関係その他の現況について調査を行い（法57条1項），また，評価人を選任して不動産の評価を命じます（法58条1項）。評価人の資格に制限はありませんが，東京地裁民事21部では，経験を積んだ不動産鑑定士で，競売不動産に関する複雑

な法律関係を十分に理解する能力を有する者が選任されているようです（『民事執行の実務・不動産執行編（上）』272頁参照）。

(6) 売却基準価額の決定

　裁判所は，評価人から不動産の評価に関する評価書（規則30条）が提出されると，これに基づいて不動産の売却の額の基準となるべき価額（この価額を「売却基準価額」といいます）を定めます（法60条1項）。そして，不動産を買い受けようとする者は，「売却基準価額」の80パーセント以上の価額（この価額を「買受可能価額」といいます）で買い受けの申し出をしなければなりません（法60条3項）。

　従来は，「最低売却価額」という概念が用いられていましたが，平成16年改正により，上記のような「売却基準価額」及び「買受可能価額」という二重の価額概念が用いられるようになりました。従来の「最低売却価額」の場合ですと，競落率を上げるためには「最低売却価額」を下げる必要があったのですが，それでは競落率を上げるために評価を下げることになり，不動産鑑定の信用性が毀損されるおそれがあります。そこで，これらを両立するために「売却基準価額」及び「買受可能価額」という二重の価額概念が設けられたのです（平野『実践民事執行法民事保全法』162頁参照）。

(7) 物件明細書の備え置き

　不動産を買い受けようとする者にとってみれば，その不動産の権利状態等が具体的にどのようになっているかは非常に重要なことですので，執行官が現況調査を行って作成した現況調査報告書（規則29条）や評価人が不動産の評価をした評価書（規則30条）が裁判所に提出されると，裁判所書記官は，これらの書類等をもとに，

① 不動産の表示
② 買受人が引き受けるべき用益権等の権利
③ 法定地上権（民法388条，法81条等）が成立する場合にはその概要

④　占有者や占有状況等の事項
　⑤　敷地利用権の有無や地代の滞納状況等の事項
　⑥　マンション管理費の滞納状況

などの事項を記載した物件明細書を作成し，その写しを現況調査報告書の写しと評価書の写しとともに裁判所に備え置いて一般の閲覧に供し，かつ，それらの書面の内容をインターネットで閲覧できるような措置を講じます（法62条，規則31条，『民事執行の実務・不動産執行編（上）』431頁以下参照）。なお，このインターネットにて閲覧できるような措置として，「不動産競売物件情報サイト（BIT）」（http://bit.sikkou.jp）にて，物件明細書，現況調査報告書，評価書等の情報が提供されています（令和元年5月現在）。

(8) 剰余主義（無剰余執行の禁止）

　買受可能価額が決まると，裁判所は，①差押えの登記の登録免許税や現況調査・不動産の評価の費用等の手続費用の見込み額と，②差押えの登記前に登記された担保権や法定納期限が到来している公租公課（配当要求の終期までに交付要求をしたものに限る）などの差押債権者の債権に優先する債権の見込み額の合計額（優先する債権がない場合には，手続費用の見込み額のみ）が買受可能価額に満たないときには，その旨を差押債権者に通知します（法63条1項）。差押債権者がこの通知を受けた日から1週間以内に上記の合計額以上の額で自ら買い受ける旨を申し出てその額に相当する保証を提供するなどの措置を講じない場合，裁判所は強制競売の手続を取り消さなければなりません（法63条2項）。

　これを「剰余主義」や「無剰余執行の禁止」といいますが，それは，自己の債権を回収するために競売を申し立てた差押債権者が全く配当を受けられない事態が生ずるような無益な執行をしないため（無益執行禁止の原則）と，差押債権者に優先する担保権者等がその意に反して債権回収を強いられないようにするため（換価時期選択の利益）です（『新基本法コンメンタール民事執行法』192頁参照）。

(9) 売却の実施

売却の方法は，

① 入札期日に入札をさせる「期日入札」（規則34条前段）
② 定められた一定期間内に入札させる「期間入札」（規則34条後段）
③ 競り売り期日に買受けを申し出る額を競り上げさせる「競り売り」（規則50条）
④ これら①～③の方法では適法な買受けの申出がなかった場合に裁判所書記官の裁量により売却する「特別売却」（規則51条）

の４つの方法があります。

実務上は，ほとんど②の「期間入札」が行われており，「期間入札」にて適法な買受けの申出がなかった場合に④の「特別売却」が実施されています（『民事執行の実務・不動産執行編（下）』２頁，20頁参照）。

なお，④の「特別売却」を実施する場合には，裁判所書記官は，「あらかじめ，差押債権者の意見を聴かなければならない。」と規定されている（規則51条２項本文）ものの，「強制競売の申立てに際し，当該売却の実施について意見を述べたときは，この限りでない。」とも規定されていますので（同項ただし書），実務上は，強制競売の申立時に「特別売却に関する意見書」の提出が求められています（『民事執行の実務・不動産執行編（下）』21頁，園部『民事執行の実務（上）』304頁参照）。

(10) 売却の決定

「期間入札」の方法では，開札期日に最も高い価額で入札した者（これを「最高価買受申出人」といいます）が決まります（規則49条による41条３項及び42条の準用）。開札期日から１週間以内に，この最高価買受申出人が債務者や他の者の買受けの申出を妨げる等の悪質行為をした者でないか，あるいは，不動産の評価の誤りによって売却基準価額が著しく高額または低額となっていないか，などの売却不許可事由（法71条各号）の有無を調査し，執行裁判所が，最高価買受申出人に対して売却を許可する旨または許可しない旨の決定をしま

す（法69条）。

(11) 代金納付及び所有権移転登記等の嘱託

売却許可決定が確定すると，最高価買受申出人は買受人となり，裁判所書記官の定める期限までに代金を裁判所に納付する必要があります（法78条1項）。買受人が代金を納付すると，その時点で不動産の所有権は買受人に移転します（法79条）。

そして，買受人が代金を納付した場合，裁判所書記官は，不動産の登記記録に

① 買受人への所有権等の移転登記
② 売却により消滅した権利等の抹消登記
③ 差押え等の抹消登記

をするよう法務局（登記官）に嘱託するのです（法82条1項）。

なお，買受人が裁判所に納付する代金を金融機関等から借り入れようとする場合，金融機関等は，買受人への所有権移転登記の嘱託と同時に（連件で）抵当権設定登記を申請するよう求めることが通常です。しかし，上記のように裁判所書記官が買受人への所有権移転登記を法務局に嘱託するとなると，どうしても抵当権設定登記の申請と所有権移転登記の嘱託との間にタイムラグが生じてしまいます。そのような不都合を回避するため，買受人及び金融機関等が司法書士を指定して申し出た場合には，裁判所書記官は，その指定された司法書士に対して登記嘱託書を交付し，その司法書士が登記嘱託書と抵当権設定登記申請書を法務局に持ち込むことにより，事実上，買受人への所有権移転登記の嘱託と同時に（連件で）抵当権設定登記を申請することができることになっています（法82条2項，規則58条の2）。

(12) 配当等の実施

不動産の売却代金が執行費用と債権者全員の債権額の合計を超える場合には，裁判所は，単純に債権者に弁済し，残額を債務者に交付します（法84条2項）。

不動産の売却代金が執行費用と債権者全員の債権額の合計を下回る場合には，裁判所書記官は，各債権者に債権計算書を提出するよう催告し（規則60条），各債権者及び債務者に配当期日の呼出状を送付します（法85条3項）。そして，裁判所書記官は，提出された債権計算書に基づいて配当表を作成したうえで（同条5項），配当表に記載された各債権者の債権や配当額について不服のある債権者や債務者からの異議の申出（法89条1項）がなければ，配当表に従って配当を実施するのです（法84条1項）。もっとも，配当期日に債権者や債務者が出頭することはまれのようです（平野『実践民事執行法民事保全法』204頁参照）。

配当を受けることができるのは，

① 差押えの登記の登録免許税や現況調査・不動産の評価の費用等の手続費用
② 差押債権者（法87条1項1号）
③ 配当要求の終期までに配当要求を行った債権者（同項2号）
④ 差押えの登記前に登記された仮差押債権者（同項3号）
⑤ 差押えの登記前に登記された抵当権等の担保権者（同項4号）
⑥ 配当要求の終期までに交付要求をした税務署等の官公署（国税徴収法82条1項等，最高裁平成2年6月28日第一小法廷判決：民集44巻4号785頁・裁判所Web等）
⑦ 差押えの登記前に登記され，かつ，配当要求の終期までに担保仮登記である旨や債権額等を届け出た仮登記担保権者（仮登記担保法17条2項）

の各債権です。

なお，配当を受ける順序は，「民法，商法 その他の法律の定めるところによらなければならない」とされている（法85条2項）ため，

第1順位：手続費用
第2順位：不動産の第三取得者が支出した必要費・有益費の償還請求権
第3順位：登記された不動産保存・工事の先取特権者
第4順位：公租公課に優先する担保権者
第5順位：公租公課

第 6 順位：公租公課に劣後する担保権者

第 7 順位：未登記の一般先取特権者

第 8 順位：一般債権者

という順になります（『民事執行の実務・不動産執行編（下）』162頁参照）。なお，公租公課と担保権等との間では，公租公課の法定納期限と登記の先後によるので注意が必要です（国税徴収法15条1項，16条，20条1項4号，23条等）。

関連解説(2) 不動産執行の申立て

1．申立債権者の関与

【不動産執行の概要】の「2．不動産執行の手続の流れ」(33ページ) のとおり，「不動産に対する強制競売」の手続は，

(1) 強制競売の申立て
　↓
(2) 強制競売開始決定
　↓
(3) 差押登記の嘱託及び債務者への開始決定の送達
　↓
(4) 配当要求の終期の決定，その公告及び抵当権者等に対する債権届出の催告
　↓
(5) 現況調査，評価
　↓
(6) 売却基準価額の決定
　↓
(7) 物件明細書の備え置き
　↓
(8) 剰余主義（無剰余執行の禁止）
　↓
(9) 売却の実施
　↓
(10) 売却の決定
　↓
(11) 代金納付及び所有権移転登記等の嘱託
　↓
(12) 配当等の実施

という流れで進んでいきますが，この一連の手続の流れの中で，(2)～(12)までは，そのほとんどが裁判所の主導によりなされる手続です。

つまり，申立債権者が自らしなければならないことは，事実上，「(1) 強制競売の申立て」のみといっても過言ではありません。申立てさえなされてしまえば，その後の手続は裁判所の主導によって進行していくので，あとはいかに不備のないように強制競売の申立てをするか，言い換えれば，いかに正確に強制競売申立書を作成するかが重要になるのです。

2．申立てをする前に

ところで，不動産に対する強制競売を申し立てる際には，事前にいくつか検討しておくべきものがありますが，特に次の2点についての検討は必須ですので，まず，これから説明したいと思います。

(1) 予納金について

「民事執行の申立てをするときは，申立人は，民事執行の手続に必要な費用として裁判所書記官の定める金額を予納しなければならない。」(法14条1項)と規定されているので，不動産執行においても，当然，申立債権者は，裁判所に予納金を納める必要があります。

ところが，この不動産執行の予納金は，【不動産執行の概要】の「2．不動産執行の手続の流れ」の「(5) 現況調査，評価」(36ページ)の費用が含まれるため，実は概ね50万円以上と相当高額です。主要な裁判所では，東京地裁民事21部：請求債権額が2,000万円未満の場合で60万円，大阪地裁第14民事部：原則90万円，仙台地裁第4民事部：不動産1個の場合で47万円，名古屋地裁民事2部：原則70万円，広島地裁民事4部：原則50万円となっています（令和元年5月現在・裁判所Webより）。

もちろん，この予納金は現況調査・不動産の評価の費用等の手続費用なので，売却代金から最優先で配当されるのですが（【不動産執行の概要】の「2．不動産執行の手続の流れ」の「(12) 配当等の実施」40ページ），ストーリーで考えれば，「三浦小枝子」の「三好敬二」に対する金銭債権の額が100万円であるため，50

万円という金額は決して小さな額ではなく，申立てをする前によく検討しておく必要があります。

(2) 剰余主義（無剰余執行の禁止）について

【不動産執行の概要】の「2．不動産執行の手続の流れ」の「(8) 剰余主義（無剰余執行の禁止）」(38ページ)にて述べたように，ストーリーでいえば，①差押えの登記の登録免許税や現況調査・不動産の評価の費用等の手続費用の見込み額と，②差押えの登記前に登記されている抵当権等の被担保債権の額の見込み額，③差押えの登記前に法定納期限が到来している所得税や固定資産税等の公租公課（配当要求の終期までに交付要求をしたものに限る）の見込み額などの合計額が買受可能価額に満たないときには，「三浦小枝子」がこの合計額以上の額で自ら買い受ける旨を申し出るなどの措置を講じない限り，強制競売の手続は取り消されてしまいます（法63条2項）。

　ということは，登記事項証明書に記載された抵当権等の設定日などから現在の被担保債権額を予想し，これが土地建物の売却代金を超えそうだと思われる場合には，「骨折り損のくたびれもうけ」となる可能性が高いので，強制競売を申し立てる前に「三好敬二」の自宅の土地建物の登記事項証明書を取得し，甲区のみならず乙区にも着目して現在の登記記録をよく確認するべきでしょう。

3．申立書の作成

　不動産に対する強制競売を申し立てるには，不動産強制競売申立書を作成しますが（規則1条），そのほかにいくつかの添付書類が必要となります。
　不動産執行においては，後述するとおり，申立書の記載事項や添付書類について詳細な規定が設けられており，また，実務上も申立書には細かい点まで正確に記載することが求められ，添付書類も多岐にわたります。これは，訴訟手続とは異なり，裁判所は，迅速の要請から，相手方たる債務者の主張を聞いて実体的な審理を行う口頭弁論を開くことなく，申立書の記載や添付書類のみか

ら形式的に判断して執行手続を開始することができるようにするためです（法4条参照）。

　ところで，ストーリーでは，「三好敬二」の自宅の土地建物に対する強制競売の申立てについて，「三浦小枝子」の請求債権額を念頭に予納金の金額や剰余主義などの観点から検討しただけで終わっていましたので，ここでは，仮に「司法書士高宮良一郎」が「三浦小枝子」から「三好敬二」の自宅の土地建物について強制競売申立書の作成を受託していたとしたら…という仮定の下に，強制競売申立書を作成していくことにしましょう。

4．申立書の添付書類及び取得方法

　実際に強制競売を申し立てるには，申立書を作成する前に少なくともいくつかの添付書類を取得しておかなければ正確に作成することが困難です。そこで，まず，たくさんある添付書類の確認をしていきましょう。

(1) 執行力のある債務名義の正本（規則23条）

　民事執行においては，「執行機関が，債権者の執行申立てを受けた際，自らあらためて執行債権なり担保権の存在を確定するため実質的審理を要せず，直ちに権利の実現に着手し，執行を実現できるように，法は，債権者にその権利の存在を高度の蓋然性をもって証しうる形式的資料の提出を要求し」ており（中野・下村『民事執行法』24頁），不動産に対する強制競売においては，「執行力のある債務名義の正本」が必要です（法25条参照）。

　民事執行法上，主な債務名義としては，
① 確定判決（法22条1号）
② 仮執行宣言付の判決（同条2号）
③ 仮執行宣言付支払督促（同条4号）
④ 執行受諾文言付の公正証書（これを「執行証書」といいます。同条5号）
⑤ 和解調書や調停調書，確定した支払督促などの確定判決と同一の効力を

有するもの（同条7号）などがありますが，不動産執行においては，いずれも債務者が申立債権者に対して金銭を支払う旨の記載があるものでなければなりません。

そして，③の「仮執行宣言付支払督促」，①に含まれる「少額訴訟の確定判決」，②に含まれる「仮執行宣言付の少額訴訟判決」を除き，いずれもその正本に執行文の付与を受けなければなりません（法25条）。もっとも，債務名義に停止条件等がある場合の「条件成就執行文」（法27条1項）や債務名義に表示された当事者以外の者を債権者または債務者とする「承継執行文」（同条2項）については，すべての債務名義について必要となります。

執行文は，④の「執行証書」については，公正証書の原本を保管する公証人に対し，それ以外の債務名義については，事件の記録の存する裁判所の裁判所書記官に対し，所定の手数料を支払って執行文付与の申立書と債務名義の正本を提出すれば，債務名義の正本の末尾に執行文が付与されます（法26条1項，2項，『新基本法コンメンタール民事執行法』67頁参照）。なお，確定しなければその効力を生じない裁判に係る債務名義については，確定したことが記録上明らかであるときを除き，執行文付与の申立書と債務名義の正本のほか，確定証明書の提出も必要です（規則16条2項）。

執行文付与の手数料は，④の「執行証書」は1,700円（公証人手数料令38条），④以外の債務名義は300円（民訴費用法7条，別表第2の4）です。なお，執行文付与の申立てについては，「認定司法書士」であっても申立代理人となることはできませんが，申立書を作成することはできます（司法書士法3条1項6号柱書ただし書及び4号）。

ストーリーで考えますと，「三浦小枝子」が「三好敬二」に対して訴訟を提起して確定判決を得た場合には，事件の記録の存する「つかさ簡易裁判所」に300円分の収入印紙を貼った執行文付与の申立書（【記載例1】を参照）と判決正本を提出します。すると，「つかさ簡易裁判所」において，判決正本の後ろに「債権者は，債務者に対し，この債務名義により強制執行をすることができる」のように記載のされた1枚の紙（執行文）が合綴され，「執行力のある債

務名義の正本」となるのです。

(2) 送達証明書

「強制執行は，債務名義又は確定により債務名義となるべき裁判の正本又は謄本が，あらかじめ，又は同時に，債務者に送達されたときに限り，開始することができる。」(法29条1項)と規定されているため，債務名義が債務者に送達されていることを証明する「送達証明書」が必要となります。

送達証明書を取得するには，「執行証書」については公正証書の原本を保管する公証人に対し，それ以外の債務名義については事件の記録の存する裁判所の裁判所書記官に対し，申請書を提出して所定の手数料を支払えば取得することができます。なお，通常は上記(1)の執行文付与の申立てと同時に申請します。

ところで，判決や支払督促のように，債務名義が職権にて送達されている場合（民訴法255条1項，391条2項等）や，公正証書作成時に債務者本人が出頭して交付送達がなされていた場合（公証人法57条の2第3項による民訴法101条の準用）には，あらためて送達する必要はありませんが，それ以外の場合には，裁判所書記官や公証人に対して申請して，債務名義を債務者に送達してもらわなければなりませんから，注意を要します。

送達証明書の手数料は，④の「執行受諾文言のある公正証書」は250円（公証人手数料令39条3項），④以外の債務名義は150円（民訴費用法7条，別表第2の3）です。

ストーリーに当てはめますと，「三浦小枝子」が「司法書士高宮良一郎」を訴訟代理人として判決を得たのであれば，「司法書士高宮良一郎」が事件の記録の存する「つかさ簡易裁判所」に150円分の収入印紙を貼った申請書2部（うち1部は証明書用，【記載例2】を参照）を提出して送達証明書を取得することになります。

(3) 不動産の登記事項証明書（規則23条1号，3号，4号）

強制競売の対象となる不動産を特定するとともに，債務者が所有しているこ

とを証明するため，「不動産の登記事項証明書」が必要となります。

　不動産の登記事項証明書は，どこの法務局でも取得できますし（不動産登記法119条1項，5項），ストーリーでは，法務省の「登記情報提供サービス」における「地番検索サービス」を活用して取得しています。

　ところで，強制競売の対象となる不動産が敷地権付マンションの場合には，当然，敷地権の目的たる土地の登記事項証明書が必要となりますが，対象となる不動産が建物のみの場合であってもその底地の登記事項証明書が，対象となる不動産が土地のみでその上に建物がある場合には建物の登記事項証明書が，それぞれ必要です（規則23条3号，4号）。

　なお，東京地裁民事21部や大阪地裁第14民事部においては，登記事項証明書は，発行後1カ月以内という期限があります（令和元年5月現在・裁判所Webより）が，裁判所により異なる場合もありますので，強制競売を申し立てる前に裁判所に問い合わせて確認するようお勧めします。

(4) 不動産の公課証明書等（規則23条5号）

　強制競売の対象となる不動産に課せられる固定資産税や都市計画税等の公課の額がいくらであるのかは，この不動産を買い受けようとする者にとって関心の高い事項ですので，その額を明らかにするため（規則36条1項7号参照）の書類です。

　公課証明書は，市町村（東京23区は都税事務所）に申請書を提出して所定の手数料を支払って取得することになりますが，所有者の委任状は当然ありません。そこで，強制競売の申立てを準備していることを証明するため，強制競売申立書や執行力のある債務名義の正本のコピー等を添付することが通常です。実際に取得する際には，各市町村等に必要書類を問い合わせてください。なお，市町村等によっては，公課証明書に不動産の評価額が記載されていないこともありますので，その場合には，評価証明書も取得します。公課証明書及び評価証明書は，最新の年度のものが必要です。

　ストーリーで考えますと，前もって強制競売申立書を作成してから，申立書

及び判決正本のコピーを添付して「三好敬二」の自宅のある「つかさ市役所」において「三好敬二」の自宅の土地及び建物の公課証明書を取得するということになります。

(5) 債務者の住民票（規則23条の2第2号），会社法人等の登記事項証明書等（規則15条の2による民訴規則18条及び15条の準用）

　債務者に対して強制競売開始決定正本の送達をする（法45条2項）とともに，強制競売の対象となる不動産の所有者と債務者が同一人物であることを証明するため，債務者の住民票が必要です。

　ですから，債務者の住民票上の住所・氏名と不動産の登記記録上の住所・氏名が異なる場合には，住所移転・氏名変更等の経緯を明らかにするため，戸籍の附票や戸籍事項証明書等の書類を用意します。なお，債権者の債務名義上の住所・氏名と申立時の住民票上の住所・氏名が異なる場合には，債務者の場合と同様に住民票，戸籍の附票，戸籍事項証明書等の書類が必要となります。ストーリーの中で，仮に「三好敬二」の住民票上の住所と自宅の土地建物の登記記録上の住所が異なっており，住民票の記載から住所移転の経緯が明らかでない場合には，これらの住所を繋ぐため，「三好敬二」の戸籍の附票や除籍の附票を用意することになるわけです。

　また，債務者及び申立債権者が会社法人等である場合には，代表者の資格を証するため，その登記事項証明書を要します（規則15条の2による民訴規則18条及び15条の準用）。会社法人等の登記事項証明書の本店等と不動産の登記記録上の本店等が異なる場合に登記事項証明書の記載から本店移転等の経緯が明らかでない場合には，その旨を証するために閉鎖事項証明書や閉鎖登記簿謄本等が必要です。以上は，不動産登記と同様の考え方をすれば大丈夫です。

　会社法人等の登記事項証明書や閉鎖事項証明書は，前記「(3)　**不動産の登記事項証明書**」と同様にどこの法務局でも取得できますが（商業登記法10条1項，2項），コンピューター化前の閉鎖登記簿謄本は，会社法人等の本店や主たる事務所の所在地を管轄する法務局でしか取得できませんので，ご注意ください。

なお，東京地裁民事21部においては，これらの書類は発行後1カ月以内のもの，大阪地裁第14民事部では，住民票や戸籍の附票等については発行後1カ月以内のもの，会社法人等の登記事項証明書等については発行後3カ月以内のものが求められます（令和元年5月現在・裁判所Webより）。また，仙台地裁第4民事部や広島地裁民事4部では，申立債権者の住民票も必要です（令和元年5月現在・裁判所Webより）。このように，裁判所によって必要となる書類や，発行期限がそれぞれ異なりますので，強制競売を申し立てる前に裁判所に問い合わせて確認してください。

(6) 公図，地積測量図，建物図面，各階平面図等（規則23条の2第1号）

これらの図面等は，強制競売の対象となる不動産を特定するためです。本来は，「地番区域又はその適宜の一部ごとに，正確な測量及び調査の成果に基づき作成」（不動産登記規則10条1項）された不動産登記法14条1項の地図及び建物所在図を添付するべきなのですが，これらの地図及び建物所在図は，いまだに備え付けられていない法務局が多数あるため，多くのケースにおいて公図や建物図面などを添付することになるのです。

また，強制競売の対象となる不動産が建物のみの場合であっても，その底地の公図等が必要となりますが，一方で，対象となる不動産が土地のみで，その上に建物がある場合でも建物図面等が必要です（規則23条の2第1号かっこ書）。そして，建物がない場合には，その旨の上申書を添付します。

東京地裁民事21部においては発行後1カ月以内の公図及び建物図面が，大阪地裁第14民事部では公図及び建物図面に加え，地積測量図及び各階平面図も必要です（令和元年5月現在・裁判所Webより）。このように裁判所によって添付すべき図面等がそれぞれ異なりますから，強制競売を申し立てる前に裁判所に問い合わせてください。

(7) 物件案内図（規則23条の2第3号）

「不動産の所在地に至るまでの通常の経路及び方法」を明らかにするために

「物件案内図」を添付します。一般的には，対象となる不動産の場所にマーキングをした住宅地図を添付すれば足ります。

(8) 不動産の現況調査の結果又は評価を記載した書面（規則23条の2第4号）

申立債権者が申立ての前に不動産の現況を調査していたとか，不動産を評価していたというような場合には，「現況調査の結果又は評価を記載した書面」を提出します。

例えば，東京地裁民事21部においては，「照会書」という形で住民票住所地での居住実態や現地調査の有無，物件の利用状況，占有者の有無，土壌汚染の有無等の事項について回答するよう求めています（令和元年5月現在・裁判所Webより）。

(9) 特別売却に関する意見書

【不動産執行の概要】の「2．不動産執行の手続の流れ」の「(9) 売却の実施」(39ページ)で述べたように，不動産執行における売却の方法は，①期日入札，②期間入札，③競り売り，④特別売却の4つの方法がありますが，④の特別売却は，①〜③の方法に比べて売却価額が低くなる可能性があるため，裁判所書記官が特別売却を実施しようとする場合には，「あらかじめ，差押債権者の意見を聴かなければならない。」と規定されており，「特別売却に関する意見書」が必要となります。

もっとも，この「特別売却に関する意見書」は，強制競売申立書に意見を記載すれば，別途提出する必要はありません。

(10) 申立債権者宛の封筒及び郵便切手，申立手数料

前記2．の「(1) 予納金について」(44ページ)のとおり，「民事執行の申立てをするときは，申立人は，民事執行の手続に必要な費用として裁判所書記官の定める金額を予納しなければならない。」のですが，実務上は，強制競売申

立書及び添付書類一式を裁判所に郵送で提出すると，裁判所より「保管金提出書」が送られてくるので，それに基づき予納金を納めることになります。そのため，裁判所が「保管金提出書」を申立債権者に郵送するための封筒及び郵便切手（概ね82円〜92円程度）をあらかじめ提出しておく必要があります。

また，強制競売の申立手数料として，債権者及び債務者が各1名で債務名義が1個の場合には4,000円分の収入印紙を添付します（民訴費用法3条1項，別表第1の11イ）が，この申立手数料だけでなく郵便切手の組み合わせも債務名義の数や裁判所によって異なりますので，こちらも強制競売を申し立てる前に裁判所に問い合わせて確認してください。

さらに，【不動産執行の概要】の「2．不動産執行の手続の流れ」の「(3)差押登記の嘱託及び債務者への開始決定の送達」（34ページ）で述べたとおり，強制競売の開始決定がなされると，裁判所書記官が，その不動産の登記記録に差押えの登記をするよう法務局（登記官）に嘱託するため，その差押えの登記の登録免許税として，請求債権額（1,000円未満切り捨て）の1000分の4に相当する額（100円未満切り捨て）（登録免許税法9条，別表第1の1(5)）を国庫金納付書等により裁判所に納付します（民訴費用法2条11号，登録免許税法23条）。

(11) 請求債権目録その他

東京地裁民事21部や大阪地裁第14民事部，仙台地裁第4民事部，広島地裁民事4部においては，強制競売申立書のほかに請求債権目録1通を提出しますが，名古屋地裁民事2部では，さらに当事者目録1通も提出を求められます（令和元年5月現在・裁判所Webより）。このように目録やその他の必要書類についても，裁判所により異なる場合がありますので，強制競売を申し立てる前に裁判所に問い合わせて確認してください。

5．申立書の記載事項

申立ての添付書類がほぼ揃ったところで（不動産の公課証明書については，申

立書を作成した後でなければ取得できないのですが…），次に「三好敬二」の自宅の土地建物に対する強制競売申立書を作成していくことにします。なお，具体的な記載については，【記載例3】を参考にしてください。

　まず，不動産に対する強制競売申立書は，「不動産強制競売申立書」，「当事者目録」，「請求債権目録」，「物件目録」の4部構成とすることが通常です。なお，「不動産強制競売申立書」と各目録は，左側余白部分をホッチキスで綴じ，各ページの間に申立債権者の印鑑にて契印（割印）をします（『書式　不動産執行の実務』50頁参照）が，一般的に裁判書類については，各ページの下部中央にページ数を記載すれば契印（割印）を省略できるため，不動産に対する強制競売申立書においても同様と考えられます。

(1) 「不動産強制競売申立書」の記載事項

　まず，標題は「不動産強制競売申立書」です（規則15条の2による民訴規則2条1項2号の準用）。次に，裁判所の表示として，「三好敬二」の自宅の土地建物の所在地を管轄する「首都地方裁判所」を，申立年月日として申立書の提出日を記載します（規則15条の2による民訴規則2条1項4号及び5号の準用）。

　続いて，申立債権者である「三浦小枝子」の郵便番号，住所とともに「申立債権者　三浦小枝子」と記載し，氏名の横に押印します（規則15条の2による民訴規則2条1項柱書及び1号の準用）。「三浦小枝子」の氏名については記名でも問題はないのですが，司法書士としては，申立債権者の申立意思確認のため署名してもらうことが望ましいでしょう。なお，押印する印鑑は認印でかまいませんが，後になって強制競売を取り下げることとなった場合に裁判所に提出する取下書に押印する印鑑が申立書に押印した印鑑と異なる場合には，実印と印鑑証明書が実務上必要となります（『民事執行の実務・不動産執行編（上）』58頁参照）。ですから，執行が終了するまでは，申立書に押印する申立債権者の印鑑は大切に保管していただくよう依頼者に注意を喚起してください。

　そして，申立債権者の電話番号やFAX番号は，任意ではありますが，一般的には記載しています。

さらに，「司法書士高宮良一郎」が申立書を作成しますから，作成者を明確にするために「司法書士高宮良一郎」の事務所住所と「申立書作成者　司法書士高宮良一郎」と記載し，その横に職印を押印するべきでしょう（司法書士規則28条1項参照）。申立債権者は「三浦小枝子」ですが，実務上，申立書の不備や添付書類が不足していた場合などに裁判所書記官から司法書士に問い合わせの連絡があることも多いので，司法書士事務所の電話番号及びFAX番号も記載しておくべきでしょう。

　ところで，先ほど「不動産強制競売申立書」，「当事者目録」，「請求債権目録」，「物件目録」の4部構成とすることが通常であると述べましたが，それは，「不動産強制競売申立書」の中に「当事者　別紙目録のとおり」，「請求債権　別紙目録のとおり」，「目的不動産　別紙目録のとおり」と記載するためですので，「別紙目録」として，別途「当事者目録」，「請求債権目録」，「物件目録」を作成するわけです。

　次に，不動産に対する強制競売の場合，民事執行規則21条3号において「強制執行の方法」を記載するよう規定されています。そのため，「債権者は，債務者に対し，別紙請求債権目録記載の執行力のある債務名義の正本に表示された上記請求債権を有しているが，債務者がその支払をしないので，債務者所有の別紙物件目録記載の不動産に対する強制競売の手続の開始を求める。」のように記載します。

　また，前記4.の「(9)　**特別売却に関する意見書**」（52ページ）のとおり，「特別売却に関する意見書」を添付する代わりに申立書に記載する場合には，「本件不動産につき，入札又は競り売りの方法により売却しても適法な買受けの申出がなかったときは，他の方法により売却することについて異議ありません。」と記載します。

　最後に，「添付書類」として「1　執行力のある債務名義の正本」，「2　送達証明書」，「3　不動産登記事項証明書」，「4　公課証明書」，「5　住民票」，「6　公図」，「7　建物図面」，「8　物件案内図」などと記載します（規則15条の2による民訴規則2条1項3号の準用）。

(2) 「当事者目録」の記載事項

　申立債権者として「三浦小枝子」の住所と郵便番号に加え，債権者の氏名として「債権者　三浦小枝子」と記載します（規則21条1号）。なお，債権者及び債務者の住所・氏名が債務名義や不動産の登記記録（登記事項証明書）の住所・氏名と異なる場合には，「債務名義上の住所」，「債務名義上の氏名」，「不動産登記記録上の住所」，「不動産登記記録上の氏名」などとして併記することになります。

　そして，「民事執行の手続について，執行裁判所に対し申立て，申出若しくは届出をし，又は執行裁判所から文書の送達を受けた者は，送達を受けるべき場所（日本国内に限る。）を執行裁判所に届け出なければならない。」と規定されており（法16条1項），送達を受けるべき場所（送達場所）の届出は，できる限り申立書に記載しなければならないとされていますので（規則10条の2による民訴規則41条2項の準用），送達場所として，「三浦小枝子」の住所の横に「(送達場所)」と記載します。

　なお，民事執行法16条1項は，「この場合においては，送達受取人をも届け出ることができる。」とも規定しているため，「三浦小枝子」が送達場所を「司法書士高宮良一郎」の事務所住所とし，送達受取人を「司法書士高宮良一郎」として届け出る場合には，別途「司法書士高宮良一郎」の氏名と事務所住所，郵便番号を記載し，司法書士名の横に「(送達受取人)」，事務所住所の横に「(送達場所)」と記載することになります（規則10条の2による民訴規則41条2項の準用）。もっとも，送達場所や送達受取人を司法書士（事務所）としない運用を行っている裁判所（例えば，東京地裁民事21部）もあるので，ご注意ください。

　最後に，債務者である「三好敬二」の住所と郵便番号に加え，債務者の氏名として「債務者　三好敬二」と記載します（規則21条1号）。

(3) 「請求債権目録」の記載事項

　請求債権は，債務名義に表示された給付請求権ですから，ストーリーの場合

は，「特定商取引に関する法律第9条1項の解除に基づく原状回復請求権としてのリフォーム工事代金返還請求権」です。

そして，債務名義が「つかさ簡易裁判所」の確定判決（法22条1号）ですので，「債務名義の表示」（規則21条2号）として，まず，「債権者債務者間のつかさ簡易裁判所平成24年（ハ）第375号事件の執行力のある判決正本に表示された下記金員」のように記載したうえで，「1．元金」として「金100万円」，「2．損害金」として「(1)　上記1の元金のうち金50万円に対する平成24年9月1日から支払済みまで年6％の割合による損害金　(2)　上記1の元金のうち金50万円に対する平成24年10月1日から支払済みまで年6％の割合による損害金」などと記載します。

(4)　「物件目録」の記載事項

「物件目録」には，強制競売の対象となる不動産を表示しますが，不動産の登記事項証明書の記載どおり，土地については「所在」，「地番」，「地目」，「地積」を，建物については「所在」，「家屋番号」，「種類」，「構造」，「床面積」などを記載することになります。

【記載例1】　執行文付与申立書（確定判決）

執行文付与申立書

収入印紙
３００円

平成　年　月　日

つかさ簡易裁判所　裁判所書記官　殿

　　　　　債権者（原告）　　三　浦　小　枝　子　　　　㊞

　　　　　〒１２３－４５６７　首都県つかさ市中央二丁目３番４号
　　　　　債権者（原告）　　三　浦　小　枝　子

　　　　　〒１２３－４５６７　首都県つかさ市中央一丁目２番３号
　　　　　　　　　　　　　　きさらぎ法務事務所
　　　　　作　成　者　　　　司法書士　高　宮　良　一　郎　㊞
　　　　　　　　　　　　　　ＴＥＬ　○○○（○○○）○○○○
　　　　　　　　　　　　　　ＦＡＸ　○○○（○○○）○○○○

　　　　　〒１２３－４５６８　首都県つかさ市本町三丁目４番５号
　　　　　債務者（被告）　　三　好　敬　二

　上記当事者間の御庁平成２４年（ハ）第３７５号事件につき，平成２５年４月３日言い渡された判決は，確定したので，同判決正本に執行文を付与されたく申立てをいたします。

添　付　書　類

　　　１　判　決　正　本　　　　　　　　　　　　　１通

　上記執行文１通を本日正に受領しました。

　平成　年　月　日

　　　　　債権者（原告）　　三　浦　小　枝　子　　　　㊞

【記載例2】 判決正本送達証明申請書（申請用）

平成24年（ハ）第375号リフォーム代金返還請求事件
原　告　　三　浦　小枝子
被　告　　三　好　敬　二

収入印紙
150円

判決正本送達証明申請書

平成　　年　　月　　日

つかさ簡易裁判所　　御　中

　　　　　　　　原告訴訟代理人司法書士　　高　宮　良一郎　　㊞

　頭書の事件につき，平成25年4月3日言い渡された判決の正本は，被告に平成25年4月8日送達されたことを証明されたく申請いたします。

　上記判決正本送達証明書1通を本日正に受領しました。

平成　　年　　月　　日

　　　　　　　　原告訴訟代理人司法書士　　高　宮　良一郎　　㊞

【記載例2】 判決正本送達証明申請書（証明用）

平成24年（ハ）第375号リフォーム代金返還請求事件
原　告　　三　浦　小枝子
被　告　　三　好　敬　二

判決正本送達証明申請書

　　　　　　　　　　　　　　　　　　　　　　平成　年　月　日

つかさ簡易裁判所　　御　中

　　　　　　　　　　原告訴訟代理人司法書士　　高　宮　良一郎　　㊞

　頭書の事件につき，平成25年4月3日言い渡された判決の正本は，被告に平成25年4月8日送達されたことを証明されたく申請いたします。

　上記のとおり証明する。

平成　年　月　日

　　　　　つかさ簡易裁判所
　　　　　　裁判所書記官

【記載例３】　不動産強制競売申立書

不動産強制競売申立書

首都地方裁判所民事第３部不動産執行係　　御　中

平成　　年　　月　　日

　　　　　　　　〒１２３－４５６７　首都県つかさ市中央二丁目３番４号
　　　　　　　　申立債権者　　三　浦　小　枝　子　　　　　　㊞
　　　　　　　　　　　　　　　ＴＥＬ　○○○（○○○）○○○○
　　　　　　　　　　　　　　　ＦＡＸ　○○○（○○○）○○○○

　　　　　（申立書作成者）
　　　　　　　　〒１２３－４５６７　首都県つかさ市中央一丁目２番３号
　　　　　　　　　　　　　　　きさらぎ法務事務所
　　　　　　　　　　　　　　　司法書士　高　宮　良　一　郎　　㊞
　　　　　　　　　　　　　　　ＴＥＬ　○○○（○○○）○○○○
　　　　　　　　　　　　　　　ＦＡＸ　○○○（○○○）○○○○

　　　　　　　　当　事　者　｝
　　　　　　　　請　求　債　権　｝別紙目録のとおり
　　　　　　　　目　的　不　動　産　｝

　債権者は，債務者に対し，別紙請求債権目録記載の執行力のある債務名義の正本に表示された上記請求債権を有しているが，債務者がその支払をしないので，債務者所有の別紙物件目録記載の不動産に対する強制競売の手続の開始を求める。
　　☑　本件不動産につき，入札又は競り売りの方法により売却しても適法な買受けの申出がなかったときは，他の方法により売却することについて異議ありません。

添　付　書　類
　　１　執行力のある債務名義の正本　　１　通
　　２　送達証明書　　　　　　　　　　１　通
　　３　不動産登記事項証明書　　　　　２　通
　　４　公課証明書　　　　　　　　　　１　通
　　５　住民票　　　　　　　　　　　　１　通
　　６　公図　　　　　　　　　　　　　１　通
　　７　建物図面　　　　　　　　　　　１　通
　　８　物件案内図　　　　　　　　　　１　通

【記載例3】 不動産強制競売申立書

当 事 者 目 録

〒123-4567　首都県つかさ市中央二丁目3番4号
　　　　　　　債権者　三　浦　小　枝　子
（送達場所）
〒123-4567　首都県つかさ市中央一丁目2番3号
　　　　　　　きさらぎ法務事務所
（送達受取人）　司法書士　高　宮　良　一　郎

〒123-4568　首都県つかさ市本町三丁目4番5号
　　　　　　　債務者　三　好　敬　二

【記載例3】 不動産強制競売申立書

請 求 債 権 目 録

　債権者債務者間のつかさ簡易裁判所平成24年（ハ）第375号事件の執行力のある判決正本に表示された下記金員

1. 元　　　金　　金100万円

2. 損　害　金　　(1)　上記1の元金のうち金50万円に対する平成24年9月1日から支払済みまで年6％の割合による損害金
　　　　　　　　(2)　上記1の元金のうち金50万円に対する平成24年10月1日から支払済みまで年6％の割合による損害金

【記載例3】 不動産強制競売申立書

物 件 目 録

1 所　　在　　つかさ市本町三丁目
　 地　　番　　１２３番４
　 地　　目　　宅地
　 地　　積　　１２３．４５㎡

2 所　　在　　つかさ市本町三丁目１２３番地４
　 家屋番号　　１２３番４
　 種　　類　　店舗　居宅
　 構　　造　　木造スレートぶき２階建
　 床 面 積　　１階　６７．８９㎡
　 　 　 　 　 ２階　６０．８９㎡

第5章 反応あり

　亜沙美が調査報告をしたその翌日に，内容証明郵便が三好リフォーム企画に届いたことを知らせる郵便局のはがきが良一郎のもとに届いたが，三好からの連絡がないまま1週間が過ぎた。

　亜沙美は小さな事務所の仕事にも少しずつ慣れて，法律関係の業務に興味を持ち，抵当権の抹消登記に必要な書類のチェックも陽次が付き添わないでやるようになっていた。もちろん，登記を申請する前には，いったん陽次にチェックしてもらい，最後は良一郎が目を通すのだが，それでも亜沙美にとっては少しだけ独り立ちしたような気がしていたのである。陽次は，相続の案件を良一郎に任されて，預かった戸籍謄本などから相続人を調査しながら亜沙美の様子を何気なくチェックしていた。

　良一郎が，つきあいのある税理士事務所から依頼を受けた会社の本店移転登記に必要な書類を作成することに集中していたところに，その電話はかかってきた。亜沙美は，手を止めて以前よりは慣れた様子で電話に出た。
「はい。きさらぎ法務事務所でございます。」
「もしもし。」
　中年の男性の太い声が聞こえた。
「私は，三好敬二の知人で，原田といいます。」
「ミヨシケイジ様のお知り合いの方で，ハラダ様。お世話様です…。」
　亜沙美の不信な声を聞いて，良一郎と陽次はすぐさま反応して顔を見合わせた。良一郎が亜沙美を見て，電話を代わるように指示するしぐさをした。

「え〜，所長の高宮と代わりますので，少しお待ちください。」
 亜沙美が電話を保留にすると，陽次が小声で亜沙美に話しかけた。
「三好敬二って，永岡さんが調査したあの三好リフォーム企画の三好だよ。」
「え〜っ，それじゃ，あの詐欺…？」
 亜沙美は驚いてから，あわてて自分で口元を押さえた。良一郎は，小さく咳払いをしてから保留音を解除して，
「もしもし。お電話を代わりました。司法書士の高宮です。」
と応対したところ，相手は太い声で話し始めた。
「私は，三好リフォーム企画の三好敬二の知人で，原田というものです。先日，たまたま私が店にいたときにそちらから内容証明郵便が届いたので受け取ったのですが，三好が今入院中なので私が代わりに電話しました。」
「入院中…。そうですか。で，原田さんは，三好さんのお知り合いとのことですが，従業員の方ですか？」
「いや。友人です。」
「そうですか。三好さんのご病気はお悪いんですか？」
「脳梗塞です。」
 良一郎は，驚いて繰り返した。
「えっ，脳梗塞…ですか。たいへんですね。」
「はい。ですから，講師のバイトも休んでいるくらいなので，当分の間はなにもできません。」
「なるほど。で，どちらの病院に入院されておられるのですか？」
「え〜っと…。つかさ市立中央医療センターです。」
 原田が言い淀んだようにして答えたのが気になったが，原田が三好の情報を持つ細い線だったからこのまま連絡が取れなくなるのは避けたいと思って，良一郎はさらに続けた。
「なにかあったら，こちらから原田さんへご連絡を差し上げてもいいです

か？」
「いや。私はとりあえずそちらへお知らせするように頼まれただけですから。では，失礼します。」
　原田は，一気に話すと一方的に電話を切った。

　良一郎は，突然切られた受話器を置きながら，ふと心に引っかかった。電話機の小さな液晶画面には「ヒツウチ」という文字がでていたからである。陽次と亜沙美は良一郎の電話のやり取りを聞いていたが，亜沙美が陽次よりも先に尋ねた。
「先生，三好さんは脳梗塞で入院しているんですか？」
「うん。つかさ市立中央医療センターだって…。講師のバイトも休んでいるんだと言っていたよ。」
「講師って，なにをやっているんでしょうね。」
　亜沙美の疑問を聞きながら，陽次がインターネットの検索サイトで「三好敬二」の名前を検索してみると，同姓同名の人物のものや，三好と敬二の2つの言葉を拾った情報などがたくさん出てきた中に，有力な情報があった。
「先生。"あけぼの宅建学院"で建築基準法を担当している講師に三好敬二という名前がありますよ。」
「ほんとうかい？」
　良一郎は，陽次の言葉に驚いた。
「来週の日曜日にガイダンスがあるって出ています。本当に入院しているのかなぁ？　もしかして，電話してきた原田って男が三好本人だったりして…。」
「まさか！」
　と言いながら，実は良一郎も同じことを考えていた。
「先生。この予備校に電話してみますかね？」
　陽次は，良一郎の答えを聞く前に，もう電話をかけていた。

「もしもし？」

「はい，あけぼの宅建学院でございます。」

　電話に出たのは受付嬢であろうか，知的なハキハキとした受け答えがいかにも学院のイメージ造りを引き受けているといった感じだった。

「ちょっと教えてください。ぼくは，宅建士の試験を受けようと思っているんですが，会社の上司から建築基準法は三好敬二先生がわかりやすくていいということを聞きまして。」

「ありがとうございます。三好先生はつかさ市内で建築業をなさっていますから，実務を交えた講義が評判なんですよ。来週ガイダンスを行いますので，よろしかったらご参加ください。」

「そうそう，三好先生は，本業は建築の仕事だって上司が話していましたっけ。それで，講義が来月から始まるようですが，これも予定どおりですか？」

「はい。まだ受講できますので，よろしかったらお申し込みください。」

「そうですか。わかりました。またご連絡させていただきます。ありがとうございました。」

　陽次は，電話を切った。亜沙美はびっくりした顔をして陽次を見ている。

「センパイ，司法書士だけでなく宅建士も受けるんですか？」

「まさか！」

　良一郎と陽次は，亜沙美の反応に大笑いした。亜沙美はキョトンとして，

「だって今…。ええっ，じゃウソだったんですか？」

「陽次，三好さんは予定どおり講師をすることになっているんだね？」

「はい。つかさ市内の建築業者だって言っていましたから，おそらく同じ人物じゃないですか？」

　良一郎は，だんだんと確信に近い気持ちで，原田が三好だと思うようになっていた。もし，これが本当なら，三好敬二に，小枝子へお金を返済する気があるとは到底思えない。こういう相手だと，訴訟をしても強制執行をせざるを得ないであろう。いずれにしても，最後の確証を得るためにも

三好が本当に病気で入院中なのかを調査する必要がある。

　年末の土曜日は，大掃除やら買い物やらでなにかと忙しいものだが，良一郎は少しお腹の大きくなった妻の由美とともにつかさ市立中央医療センターへ向かって車を走らせていた。この日は，良一郎から「ちょっとつきあってもらえないかな？」といきなり頼まれたことが由美の好奇心を大いにくすぐり，「面白そうだから任せて！」と喜んで一緒に出かけてきたのであった。
　由美は，子供ができるまでは良一郎の事務所で仕事をしていたが，妊娠を機に事務所をやめた。つわりが激しくて仕事に集中できなかったからだが，このごろはつわりが収まってきたので，通信教育に熱中している。
　心得たもので，由美が詳しい事情を聞くことはなかった。ただ，「三好敬二」という人物が入院しているのかを確認したい，と聞いただけだったが，亜沙美と同様，どんな細かい事情よりも探偵ごっこに興味津々だったのである。
　病院に着くと，由美はまず受付を探した。良一郎は，ただ由美のあとをついていくだけで，妻に連れられて病院へやってきた夫の役に自然になっていた。由美が入り口の真正面に目ざとく「受付」と書いてあるカウンターを見つけ，そこに座る女性事務員に声をかけた。
「すみません。こちらに知り合いが入院中と聞いたので，お見舞いに伺ったんですが，うっかり病室をお聞きするのを忘れてしまったんです。調べていただけますか？　三好敬二さんという方なんですけれど。」
「少しお待ちください。」
　事務員は，パソコンで三好敬二という名を検索していたが，
「申し訳ありませんが，こちらにはそのようなお名前の患者さんは入院されておりませんが。」
　由美は，良一郎と顔を見合わせてから，
「あら，本当ですか？　いやだ，あなた。病院の名前を聞き間違えたん

じゃないの？」
　由美はおもむろに後ろで控える良一郎に向かって責めるように言った。
「えぇっ？　そんなはずはないんだけれどなぁ。確かに，つかさ市立中央医療センターと言っていたよ。」
　良一郎が由美に合せて答えると，事務員はふたたび入院患者をパソコンで入念にチェックしてから，
「すみません，やはり三好敬二さんという方は入院されていませんね。奥様のおっしゃるとおり病院をお間違えではないでしょうか？」
　由美は，良一郎を見ながら答えた。
「そうかもしれませんね。すみません，出直します。お手数をおかけしました。」
「なんだか無駄足になっちゃったわねぇ。年末の忙しいときに…」などと聞こえよがしにぶつぶつ言いながら受付に背を向けて戻ろうとする由美のあとを追いかけながら，良一郎は不機嫌な顔をして由美に話しかけた。
「病院を聞き間違ったのはオレかよ？」
「あの場はそのほうがいいのよ。妻が聞き間違ったら，夫は妻を馬鹿にする演技をしなくちゃならないでしょ？　妻の私は，夫の聞き間違いを許す心の広い女性として，ほら，見た目も自然じゃない？」
「なんだよ，オレが一人で間抜けなヤツってことかい，ひどいな。」
「まぁいいじゃないの。さっ，お買い物に行きましょ！」
　こんなとき，本当に女性はたくましいなぁと思いながらも，良一郎は由美の言葉に説得力があって確かに自然な成り行きになったことを認めないわけにはいかなかった。それに，由美はウソもつかなかったし…。

第6章 いざ，訴訟へ

　小枝子から依頼を受けたのが11月だったから，すでに年の瀬の駆け込み時期にさしかかり，12月に入った今は1年のうちでも一番忙しいときであった。時節とは関係ないように思われる不動産登記にも，実は年の瀬というものがある。年内に申請して欲しいという依頼があるのである。また，司法書士としても，年末年始の休暇に，事務所の金庫に重要書類を保管しておくリスクはできるだけ避けたいから，年内に申請できるものは申請してしまいたいのであった。

　しかし，良一郎は，リフォーム代金の訴訟も年内には提起しておきたいと考えていたので，この日は小枝子と事務所で最終の打ち合わせを予定していた。

　約束の午後2時になると，ほぼぴったりの時刻に計ったように玄関のドアホンが鳴って小枝子がやってきた。例によって，亜沙美が小枝子を応接室に案内したところへ，良一郎が書類を抱えてすぐに入ってきたのは，忙しかったからだけではなく，初対面の前回と違って小枝子の人柄についての事前情報が必要なかったからである。

　良一郎は，挨拶が終わると，三好リフォーム企画へ出した内容証明郵便が届き，三好の友人で原田と名乗る男から連絡があったことなど，以前電話で報告したときよりももっと詳しく話した。そして，原田から聞いた病院には三好敬二という名の入院患者がいないこと，休んでいるという予備校講師のアルバイトは予定どおりやっていることを確認したことも説明した。

「まぁ，そんなことまで調べていただいたんですか。お手数をおかけして。それにしても，三好社長はいったいどういうつもりでそんなウソを…」
　小枝子があきれたように言うので，良一郎は思わず答えた。
「それから三浦さん，三好リフォーム企画というのは，やはり会社ではありませんでしたよ。」
「えっ，じゃ三好は…」
「三好リフォーム企画という屋号をつけて，個人で仕事をしていたんです。」
「私はてっきり会社の社長だとばっかり…。ということは，三好のウソに騙されたんですね。」
「いや，屋号で仕事をするのは別に違法ではありませんよ。ただ，誠実に仕事をしていたかと言うと，ちょっと…。」
「先生。このまま待っていてもなにも進まないようなら，やっぱり調停ではなく訴訟しか手はないということですよね？」
　小枝子は，怒りとともに覚悟を決めたようだった。

　良一郎は，訴訟を提起する前に伝えておかなければならない強制執行についての話をするために，小枝子に尋ねた。
「ところで，三浦さんは三好リフォーム企画の店に行かれたことは？」
「ありません。もともと三好が私の家に訪ねてきて契約をしたのですし，クーリングオフも郵便でしたし，そのあとの分割払いについても覚書が送られてきたものですから，一度も行ったことはありませんけれど，なにか？」
　小枝子は，いつのまにか三好社長から三好へと呼び捨てにしながら，いぶかしげに尋ねた。
「実は，うちの所員が店を見てきましてね。誰もいないときに中を覗いてきたんですが，どうも活発に仕事をしている様子ではなかったというんですよ。」

「そうですか。」
「裁判に勝っても100万円を支払ってこなければ，判決は"絵に描いた餅"ですからね。万が一を考えて差し押えることを覚悟しておかなければなりませんので，少しでも三好の財産に関する情報を集めておきたいと思いまして…。三好の持っている不動産は調査済みなんですが，三浦さんもなにか思い出されたら，いつでもいいので教えてください。」
「思い出すと言われましてもねぇ…時計もたいしたブランド物ではなさそうでしたし，あとは三好が乗ってきた自動車くらいしか。」
「今回の訴訟は，三好さん個人が被告です。差し押えるのであれば，勝訴判決を債務名義として三好さん個人の財産を差し押えることになります。」
「サイムメイギ？　どういう字を書くんですか？」
「サイムは債務者の債務です。メイギは，名前の名に義理の義」
　小枝子は，持ってきた小さなノートに良一郎が説明した文字をそのとおりにメモしながら尋ねた。
「つまり，その債務名義をもとに三好の財産を差し押えることも覚悟しておかなければならないということでしょうか？」
「そうですね。考えておいていただいたほうがいいと思いますよ。ところで，三浦さん。三好さんが乗ってきた自動車は，どんな車だったのですか？」
　良一郎は，先ほどの小枝子の言葉を聞き逃さなかった。
「うちの前の道路は狭いので，三好が帰るときにチラっと見たんですが，『三好リフォーム企画』と後ろのドアのところに書いてある白いコンパクトカーでした。よくある営業車です。」

「コンパクトカーですか…。自動車執行の検討も必要かなぁ。」
　良一郎は，コンパクトカーでも，念のため自動車執行について検討対象にしておこう，と思ったのである。

「自動車執行，ですね。」
　小枝子はふたたびメモしながら言った。
「三浦さん，そのコンパクトカーのナンバーなんて覚えていませんよね？」
「すみません，そこまでは…。」
「ナンバーがわからないと陸運局で所有名義を調査することができないから，自動車執行は厳しいかなぁ。それに所有権留保といって自動車ローンを使っていると所有者はディーラーだったりするので，その場合も無理ですしね。」
「もし見つけたら，今度こそはメモしておきます。あっ，そうだわ。スマホで写真を撮ればいいんですよね。」
「無理なさらないでくださいね。コンパクトカーだと，差し押えても100万円になるのはちょっと厳しいでしょうが，少しでも三好さんの財産を見つけておいたほうがいいと思ったものですから。」
「先生，ほかにもなにかありますか？」
「実は三浦さん，一番手っ取り早いのは銀行の口座なんですよ。例えば，取引先の銀行口座を差し押さえられると仕事に支障が出ますから，まずいと思って支払ってくるということもありますしね。少なくとも三浦さんが100万円を振り込んだ日の出銀行つかさ支店の口座はわかっていますし，うちの所員がみかげ信金のカレンダーが掛っていたのを確認してきましたので，もしかしたらみかげ信金にも口座を持っているかもしれません。やるとしたら，まずはこの債権執行かなぁ。」
「債権執行，と。」
　小枝子は，メモを怠らなかった。
　そのほかにも，と良一郎は続けて説明した。
「会社の机，椅子，パソコンなどは動産執行の対象ですけれど，レンタルだったりすると差押えはできませんからね。」
「ドウサン執行？」
「そうです。不動産の"不"のない動産です。ただ，動産執行は，差し押

さえてはいけないものがたくさんあるし，100万円分の動産となるとなかなか難しいんですよね。」
「なるほど。中古の家具なんてたいした金額にはならないですものね。」
「とりあえず，日の出銀行とみかげ信金の口座を中心に念のため差押えを検討しておきましょう。ただ，できれば差押えは1発で済ませたいんですよね。差押えがかかると，こちらの動きを察知した債務者が目ぼしいものを隠してしまうリスクもあるものですから。」

「先生，不動産はどうなんでしょうか？」
　小枝子は聞いたことのある不動産執行について尋ねてきた。
「店舗兼自宅は三好の名義だということはわかっていますが，不動産競売は，申し立てるとすぐに裁判所に50万円くらい預けなければならないんですよ。それにもう担保に取られていますから，三浦さんの分まで回収できる可能性は低そうですし，リスクが大きいんですよね。」
「50万円？　100万円を回収するために50万円もかかるんですか…」
　良一郎の話を聞いて，小枝子も，亜沙美と同じように絶望的な顔をしてつぶやいたので，不動産執行についてはこれ以上話さないほうがいいと良一郎は思った。
「三浦さん，まだ訴訟を起こしてもいないんですから，どうなるかわかりませんよ。三好さんが裁判を起こされたことでなにか連絡してくるかもしれないし。万が一のために今ご説明したような財産があれば，ということだけですから。これから一緒に情報集めをしましょう。」
「そうですね。このまま引き下がるわけにはいきませんから，私も時間を見つけてお店や自宅のあたりを散歩しながら探してみます。それにしてもカレンダーからお付き合いのありそうなところを見つけ出すなんて，面白いですね。そうだわ，三好が材料を仕入れている会社もあるかもしれませんよね？」
　それは逆なんだけどな，と良一郎は思いながら，

「材料の仕入れ先は，三好さんに材料代を支払ってもらうほうですから，三浦さんと同じ債権者の立場なので，いわばライバルですよね。」
「あ，そうですね。」
「でも，三好さんがどこかで仕事を引き受けていれば，その売掛金は差押えができる可能性がありますよね。」
「なるほど。わかりました。街をお散歩しながら新築中とかリフォーム中のところがあったら，立て看板なんかも見てみます。」

小枝子は，新しい船出をするような気分になっていた。100万円は回収したいが，もしできなくても納得できるようにやれることをやってみようという気になってきたのである。

良一郎は，小枝子を玄関で見送りながら，
「三浦さん，くれぐれも無理なさらないでくださいね。なにかあったらたいへんだし，第一，うちの所員と違って三浦さんはメンが割れているんですから。」

どうも，女性は探偵業務にはひときわ興味を持つらしい。浮気調査じゃないんだからと思いながら，良一郎は小枝子を見送った。

関連解説(3)　自動車執行の概要

ストーリーの中では、「三好敬二」の自動車について自動車執行が検討されていましたので、自動車執行について詳しくみていきましょう。

1．自動車執行の分類

自動車執行は、大きく2つに分けられます。1つ目は、債務者に対して金銭の支払いを認めた確定判決等の「債務名義」を得て、それに基づいて裁判所に自動車執行を申し立てる「自動車に対する強制執行」（規則86条～97条）です。ストーリーで考えれば「三浦小枝子」が「三好敬二」に対して有する確定判決に基づいて申し立てる場合です。

2つ目は、あらかじめ債務者等の所有する自動車に（根）抵当権を設定しておき、債務の支払いが滞ったところで、債務名義を取得することなく、その（根）抵当権に基づいて裁判所に申し立てる「自動車を目的とする担保権の実行としての競売等」（規則176条等）です。

以上の2つの分類は、不動産執行とよく似ていますが、これは自動車には不動産登記のように登録制度があるからで、多くの手続について不動産執行の規定を準用しています。

2．自動車執行の対象

自動車執行の対象となる自動車は、自動車登録ファイルに登録された自動車のうち、自動車抵当法2条ただし書に規定する大型特殊自動車（「0」ナンバー）を除いた自動車であり（規則86条）、自動車登録ファイルに登録されていない自動車のほか、軽自動車、小型特殊自動車、二輪の小型自動車等は、自動車執行ではなく（道路運送車両法4条、道路運送車両規則2条、別表第1参照）、

動産執行の対象となることに注意を要します（『民事執行の実務・不動産執行編（上）』117頁，園部『民事執行の実務（下）』65頁参照）。

要するに，軽自動車や二輪車等ではない，
① 「1」ナンバーの貨物自動車
② 「2」ナンバーの乗合自動車
③ 「3」ナンバーの乗用自動車
④ 「4」及び「6」ナンバーの小型貨物自動車
⑤ 「5」及び「7」ナンバーの小型乗用自動車
⑥ 「8」ナンバーの特殊用途自動車
⑦ 「9」ナンバーの大型特殊自動車

が，自動車執行の対象となる自動車だというわけです（自動車登録規則13条，別表第2参照）。

3．自動車執行の手続の流れ

次に，自動車執行の手続の流れをざっとみていきましょう。ストーリーでは，「三浦小枝子」が「三好敬二」に対して債務名義を得ることを前提に検討していますので，ここでは「自動車を目的とする担保権の実行としての競売等」ではなく，「自動車に対する強制執行」の手続をみていくことにします。

(1) 強制競売の申立て

まず，「自動車に対する強制執行」をするためには，強制競売申立書を作成したうえで（規則1条），必要書類を添付して（規則88条等），その自動車の自動車登録ファイルに登録された「使用の本拠の位置」を管轄する地方裁判所に申立てをします（道路運送車両法97条1項，2項，規則87条）。

ストーリーにおいて，「三好敬二」の自動車を見つけることができたとして，仮に「三好敬二」の自動車の登録事項等証明書に記載された「使用の本拠の位置」（自動車の本拠）が「三好敬二」の自宅住所であった場合は，自宅の住所地

を管轄する「首都地方裁判所」に強制競売を申し立てることになります。なお，強制競売申立書の記載事項及び添付書類については，後述します。

(2) 強制競売開始決定

次に，裁判所が強制競売申立書等をチェックしたうえで，書類や法律上の問題がないと判断した場合には，裁判所がその強制競売の手続を開始させる旨の開始決定をします。なお，自動車はその名のとおり極めて高い移動性を有することから，自動車に対する強制執行では，開始決定において，差押えのほか，原則として，債務者に対して自動車を執行官に引き渡す旨が命じられます（規則89条1項）。

(3) 差押登録の嘱託及び債務者への開始決定の送達

強制競売の開始決定がなされると，裁判所において，その旨を債務者に知らせるために，債務者に開始決定を送達し（規則97条による法45条2項の準用），また，裁判所書記官が，その自動車の登録ファイルに差押えの登記をするよう運輸支局（運輸支局長等）に嘱託します（規則97条による法48条1項の準用）。

差押えは，
① 開始決定が債務者に送達された時
② 自動車登録ファイルへの差押えの登録がされた時
③ 執行官が自動車の引渡しを受けた時

のいずれか最も早い時に効力を生じますが（規則97条による法46条1項の準用，規則89条2項），実務上は，開始決定の送達により自動車執行の開始を知った債務者が自動車を移動して隠匿してしまうことなどを防止するため，後述する自動車引渡執行が完了し，執行官からその旨等の届出を受けてから，開始決定正本を債務者に送達する取扱いとなっているようです（『民事執行の実務・不動産執行編（上）』119頁参照）。

なお，申立債権者（開始決定後は「差押債権者」といいます）に対しては，開始決定後直ちに開始決定正本を普通郵便等で送るなど，適宜の方法にて開始

決定が告知されます（規則2条2項）。

(4) 自動車引渡執行の申立て

　前記(2)のとおり，自動車に対する強制執行においては，開始決定において，債務者に対して自動車を執行官に引き渡す旨が命じられます（自動車引渡命令）が，執行官が強制競売の開始決定の発せられた日から1カ月以内に自動車を取り上げることができないときは，強制執行の手続が取り消されてしまう（規則97条による法120条の準用）ため，差押債権者は，開始決定の告知を受けた後，速やかに自動車の所在地を管轄する地方裁判所所属の執行官（執行官室）に対して自動車引渡執行の申立て（法169条）をする必要があります（『民事執行の実務・不動産執行編（上）』119頁，園部『民事執行の実務（下）』73頁参照）。もっとも，この自動車引渡執行は，開始決定が債務者に送達される前であっても行うことが可能ですから（規則89条4項），強制競売の申立ての準備とともに自動車引渡執行の申立ての準備をしておき，開始決定正本の送付を受けた後，直ちに自動車引渡執行の申立てを行うべきでしょう。

　自動車の引渡しを受けた執行官は，相当と認めるときは，自動車を差押債権者，債務者その他適当と認められる者に保管させることができますが，その場合には，営業上の理由等から裁判所が運行を許可した場合を除き，カギを取り上げたり，ハンドルに封印を施したりして，自動車を運行させないための措置を講じる必要があります（規則91条1項，2項，『執行官実務の手引』377頁参照）。そして，執行官は，自動車の引渡しを受けた旨並びに自動車の保管場所及び保管の方法を裁判所に届け出ます（規則90条1項）。

　なお，自動車の保管場所が強制競売の開始決定をした裁判所の管轄区域外にある場合には売却を実施することができません（民事執行規則95条）が，自動車を管轄区域内に回送すると不相応な費用を要することが通常であるため，実務上は，原則として当該執行官の所属する地方裁判所に事件自体を移送するようです（規則94条，『執行官実務の手引』381頁参照）。

　ストーリーでいえば，「三浦小枝子」からの申立てを受けた「首都地方裁判

所」は，直ちに「三浦小枝子」に開始決定正本を普通郵便等で送付するとともに，「三好敬二」の自動車の本拠を管轄する「首都運輸支局」に対して差押えの登録を嘱託し，「首都運輸支局」において「三好敬二」の自動車の登録ファイルに差押えの登録を完了します。そして，開始決定正本の送付を受けた「三浦小枝子」が「首都地方裁判所の執行官室」に自動車引渡執行を申し立て，執行官が「三好敬二」から自動車の引渡しを受けてその旨等の届出がなされた後，「首都地方裁判所」は，「三好敬二」に開始決定正本を送達するという流れになるでしょう。

(5) 配当要求の終期の決定，その公告及び（根）抵当権者に対する債権届出の催告

自動車に対する強制執行においては，
① 差押債権者
② 差押えの登録前に登録された仮差押債権者
③ 差押えの登録前に登録された（根）抵当権者

は，差押債権者と同じように自動車の売却代金から支払いを受ける権利を有します（規則97条による法87条1項の準用）。

また，これらの者以外にも，
④ 債務者に対して執行力のある債務名義を有する者
⑤ 差押えの登録後に登録された仮差押債権者
⑥ 所定の文書によりその存在を証明した一般先取特権者

も，原則として，自動車の売却代金から支払いを受ける権利を有しますが，これらの者については，一定の期限までに債権の原因や債権額等を記載した書面を裁判所に提出する（これを「配当要求」といいます）必要があります（規則97条による法51条1項及び87条1項2号，規則26条の準用）。この期限を「配当要求の終期」といい，裁判所書記官は，差押えの登録完了後に配当要求の終期を定め（規則97条による法49条1項の準用），これを裁判所の掲示場等に掲示して公告します（規則97条による法49条2項の準用，規則4条第1項）。

さらに，

⑦　債務者に対する租税債権（公租公課）を有する税務署等の官公署も同様に配当を受ける権利を有していますが，⑦の官公署は，配当要求の終期までに「交付要求」をする必要があります（国税徴収法82条1項等，最高裁平成2年6月28日第一小法廷判決：民集44巻4号785頁・裁判所Web等）。

そして，裁判所書記官は，裁判所において自動車登録ファイル等からその存在を把握できる②の仮差押債権者，③の（根）抵当権者，⑦の官公署に対しては，債権の存否や債権額等を配当要求の終期までに裁判所に届け出るよう催告をします（規則97条による法49条2項の準用）。

(6)　評価，売却基準価額の決定

開始決定がなされると，裁判所は，評価人を選任して自動車の評価を命じます（規則97条による法58条1項の準用）。実務上は，一般財団法人日本自動車査定協会所属の査定員を評価人として選任しているのが通常のようです（『民事執行の実務・不動産執行編（上）』121頁参照）。なお，自動車には質権が設定できず（自動車抵当法20条），また，賃借権に対抗力がありませんので（民法605条，商法703条参照），不動産執行の場合と異なって，現況調査報告書や物件明細書は作成されません（規則97条で29条及び法62条を準用せず）。

そして，裁判所は，評価人から自動車の評価に関する評価書（規則97条による30条1項1号〜3号及び6号〜8号の準用）が提出されると，これに基づいて自動車の売却の額の基準となるべき価額（この価額を「売却基準価額」といいます）を定めます（規則97条による法60条1項の準用）。そして，自動車を買い受けようとする者は，「売却基準価額」の80％以上の価額（この価額を「買受可能価額」といいます）で買受けの申出をしなければなりません（規則97条による法60条3項の準用）。

(7)　評価書の備え置き

自動車を買い受けようとする者にとってみれば，その自動車の評価額等が具

体的にどのようになっているかは非常に重要なことですから，裁判所書記官は，評価人が自動車の評価をした評価書を裁判所に備え置いて一般の閲覧に供し，かつ，その内容をインターネットにて閲覧できるような措置を講じます（規則97条による85条の準用）。

(8) 剰余主義（無剰余執行の禁止）

買受可能価額が決まると，裁判所は，①自動車の評価の費用等の手続費用の見込み額と，②差押えの登録前に登録された（根）抵当権や法定納期限が到来している公租公課（配当要求の終期までに交付要求をしたものに限る）などの差押債権者の債権に優先する債権の見込み額の合計額（優先する債権がない場合には，手続費用の見込み額のみ）が買受可能価額に満たないときには，その旨を差押債権者に通知します（規則97条による法63条1項の準用）。差押債権者が，この通知を受けた日から1週間以内に上記の合計額以上の額で自ら買い受ける旨を申し出てその額に相当する保証を提供するなどの措置を講じない場合，裁判所は強制執行の手続を取り消さなければなりません（規則97条による法63条2項の準用）。

これを「剰余主義」や「無剰余執行の禁止」といいますが，その理由については，不動産執行の場合（**不動産執行の概要**）の「2．不動産執行の手続の流れ」の「(8) 剰余主義（無剰余執行の禁止）」（38ページ参照））と同様と考えられます。

(9) 売却の実施

売却の方法は，
① 入札期日に入札をさせる「期日入札」（規則97条による34条前段の準用）
② 競り売り期日に買受けを申し出る額を競り上げさせる「競り売り」（規則97条による50条の準用）
③ 裁判所書記官の裁量により売却する「特別売却」（規則96条1項）
④ 自ら買い受ける旨を申し出た差押債権者に売却する「自動車譲渡命令」

(規則96条2項)

の4つの方法があります。

　③の「特別売却」を実施する場合には，裁判所書記官は，「あらかじめ，差押債権者の意見を聴かなければならない。」と規定されていますが（規則96条1項による51条2項本文の準用），「強制競売の申立てに際し，当該売却の実施について意見を述べたときは，この限りでない。」とも規定されているため（規則96条1項による51条2項ただし書の準用），実務上は，強制競売の申立時に「特別売却に関する意見書」の提出が求められています（園部『民事執行の実務（下）』69頁参照）。

　なお，東京地裁民事21部では，①の「期日入札」以外の②～④の方法を適宜選択して実施しているようです（『民事執行の実務・不動産執行編（上）』123頁参照）。また，自動車は時間の経過による価値の下落が大きく，迅速性が要求されるため，不動産執行の場合と異なって，③の「特別売却」を実施するために①及び②の方法を先に実施する必要はなく（規則96条1項で51条1項前段を準用せず），定められた一定期間内に入札させる期間入札の方法は採られていません（規則97条で34条中期間入札に係る部分を準用せず）。

(10) 売却の決定

　「競り売り」の方法では，最も高い価額で競り落とした者（これを「最高価買受申出人」といいます）が決まりますが，この最高価買受申出人が債務者や他の者の買受けの申出を妨げる等の悪質行為をした者でないか，あるいは，自動車の評価の誤りによって売却基準価額が著しく高額または低額となっていないか，などの売却不許可事由（規則97条による法71条各号の準用）の有無を調査し，執行裁判所が最高価買受申出人に対して売却を許可する旨または許可しない旨の決定をします（規則97条による法69条の準用）。

(11) 代金納付及び所有権移転登録等の嘱託

　売却許可決定が確定すると，最高価買受申出人は，買受人となり，裁判所書

記官の定める期限までに代金を裁判所に納付しなければなりません（規則97条による法78条1項の準用）。買受人が代金を納付すれば，その時点で自動車の所有権は買受人に移転します（規則97条による法79条の準用）。

そして，買受人が代金を納付した場合には，裁判所書記官は，自動車の登録ファイルに

① 買受人への所有権移転登録
② 売却により消滅した権利等の登録抹消
③ 差押え等の登録抹消

をするよう運輸支局（運輸支局長等）に嘱託します（規則97条による法82条1項の準用）。

買受人は，代金を納付したことを証する書面を執行官に提出して自動車の引渡しを受けることになります（規則96条の2第1項）。

(12) 配当等の実施

自動車の売却代金が執行費用と債権者全員の債権額の合計を超える場合には，裁判所は，単純に債権者に弁済し，残額を債務者に交付します（規則97条による法84条2項の準用）。

自動車の売却代金が執行費用と債権者全員の債権額の合計を下回る場合には，裁判所書記官は，各債権者に債権計算書を提出するよう催告し（規則97条による60条の準用），各債権者及び債務者に配当期日の呼出状を送付します（規則97条による法85条3項の準用）。そして，裁判所書記官は，提出された債権計算書に基づいて配当表を作成し（規則97条による法85条5項の準用），配当表に記載された各債権者の債権や配当額について不服のある債権者や債務者からの異議の申出（規則97条による法89条1項の準用）がなければ，配当表に従って配当を実施します（規則97条による法84条1項の準用）。

配当を受けることができるのは，

① 自動車の評価の費用等の手続費用
② 差押債権者（規則97条による法87条1項1号の準用）

③　配当要求の終期までに配当要求を行った債権者（規則97条による法87条1項2号の準用）
④　差押えの登録前に登録された仮差押債権者（規則97条による法87条1項3号の準用）
⑤　差押えの登録前に登録された（根）抵当権者（規則97条による法87条1項4号の準用）
⑥　配当要求の終期までに交付要求をした税務署等の官公署（国税徴収法82条1項等，最高裁平成2年6月28日第一小法廷判決：民集44巻4号785頁・裁判所Web等）

の各債権です。

なお，配当を受ける順序は，「民法，商法 その他の法律の定めるところによらなければならない」とされている（規則97条による法85条2項の準用）ため，不動産執行の場合（**不動産執行の概要**）の「2．不動産執行の手続の流れ」の「(12) 配当等の実施」（40ページ参照））とほぼ同様と考えてよいでしょう。

関連解説(4) 自動車執行の申立て

1. 申立債権者の関与

【自動車執行の概要】の「3．自動車執行の手続の流れ」(78ページ) のとおり，「自動車に対する強制執行」の手続は，

(1) 強制競売の申立て
　↓
(2) 強制競売開始決定
　↓
(3) 差押登録の嘱託及び債務者への開始決定の送達
　↓
(4) 自動車引渡執行の申立て
　↓
(5) 配当要求の終期の決定，その公告及び（根）抵当権者等に対する債権届出の催告
　↓
(6) 評価，売却基準価額の決定
　↓
(7) 評価書の備え置き
　↓
(8) 剰余主義（無剰余執行の禁止）
　↓
(9) 売却の実施
　↓
(10) 売却の決定
　↓
(11) 代金納付及び所有権移転登録等の嘱託
　↓
(12) 配当等の実施

という流れで進んでいくわけですが，この一連の手続の流れの中で，(1)及び(4)を除けば，そのほとんどが裁判所の主導によりなされる手続です。

つまり，申立債権者が自らしなければならないことは，事実上，「(1) 強制競売の申立て」及び「(4) 自動車引渡執行の申立て」の２つのみといえます。申立てさえなされてしまえば，その後の手続は裁判所の主導によって進行していくので，あとはいかに不備なく正確に強制競売申立書及び自動車引渡執行申立書を作成するかにかかっているのです。

２．申立てをする前に

ところで，自動車に対する強制執行を申し立てる際には，事前に次の２点について検討しておきましょう。

(1) 所有権留保付自動車，リース自動車について

自動車を割賦販売（ローン）にて購入した場合，そのローン全額の支払いがなされるまで自動車の所有権はローン会社に留保されるという「所有権留保」がなされることが多くあります。そのような場合，購入者は自動車登録ファイルにおける「使用者」，ローン会社が「所有者」として登録されることになるのが一般的です。リース自動車についても，同様の登録がなされます。そのため，自動車が債務者の自宅の車庫に保管されているなど，一見すると自動車を債務者が所有しているように見える場合であっても，実は，債務者は単に「使用者」にすぎないというケースもあるのです。

そのような所有権留保付自動車やリース自動車については，原則として，債務者に対して債権を有する債権者が強制執行を申し立てることはできないため，申立て前に自動車登録事項等証明書を取得して確認しておく必要があります。

(2) 予納金及び自動車の価値について

「民事執行の申立てをするときは，申立人は，民事執行の手続に必要な費用として裁判所書記官の定める金額を予納しなければならない。」（法14条1項）と規定されていますので，自動車執行においても，当然，申立債権者は，裁判

所に予納金を納める必要があります。

　この自動車執行の予納金は，【自動車執行の概要】の「３．自動車執行の手続の流れ」の「(6)　評価，売却基準価額の決定」(82ページ)で説明した自動車の評価の費用が含まれるため，東京地裁民事21部や大阪地裁第14民事部では10万円，仙台地裁第４民事部では11万円（送達費用等１万円を含む）とされています（令和元年５月現在・裁判所Webより）。

　もちろん，この予納金は自動車の評価の費用等の手続費用なので，売却代金から最優先で配当等を受けられますが，自動車は時間の経過による価値の下落が大きいうえ，仮に，債務者が差押えの登録前に法定納期限が到来している所得税や自動車税等の公租公課を滞納していた場合には，税務署等の官公署が差押債権者に優先して配当等を受けられる（ただし，配当要求の終期までに交付要求をしたものに限る）ため，対象となる自動車の価値が相当程度高くなければ，無剰余により強制執行が取り消されてしまう可能性もあります（【自動車執行の概要】の「３．自動車執行の手続の流れ」の「(8)　剰余主義（無剰余執行の禁止）」(83ページ参照))。

　そのため，ストーリーでいえば，「三好敬二」の自動車にどの程度の価値があるか，申立てをする前にインターネット等を利用して中古自動車の相場を調べておく必要があります。

３．強制競売申立書の作成

　自動車に対する強制執行を申し立てるには，自動車強制競売申立書を作成しますが（規則１条），そのほかにいくつかの添付すべき書類があります。

　ところで，ストーリーでは，「三好敬二」の自動車について強制執行を申し立てることを検討したものの，そもそも対象となる自動車のナンバーがわからなかったために自動車に対する強制執行の申立てはむずかしいようでしたが，ここでは，仮に「三好敬二」の自動車を見つけることができて，「司法書士高宮良一郎」が「三浦小枝子」から「三好敬二」の自動車について強制競売申立

書の作成を受託していたとしたら…という仮定の下に，実際に自動車強制競売申立書を作成していくことにしましょう。

4．申立書の添付書類及び取得方法

正確な申立書を作成するためには，少なくともいくつかの添付書類を前もって取得しておくべきなので，まずは添付書類から確認していきます。

(1) 執行力のある債務名義の正本（規則88条）

不動産に対する強制競売と同様，自動車に対する強制執行においても「執行力のある債務名義の正本」が必要です（法25条参照）。

なお，債務名義の種類や執行文付与の方法等については，【不動産執行の申立て】の「4．申立書の添付書類及び取得方法」の「(1) 執行力のある債務名義の正本」（46ページ）を参照してください。

(2) 送達証明書

「強制執行は，債務名義又は確定により債務名義となるべき裁判の正本又は謄本が，あらかじめ，又は同時に，債務者に送達されたときに限り，開始することができる。」（法29条1項）と規定されているため，債務名義が債務者に送達されていることを証明する「送達証明書」が必要となることは，不動産に対する強制競売の場合と同様です。

なお，送達証明書の取得方法等については，【不動産執行の申立て】の「4．申立書の添付書類及び取得方法」の「(2) 送達証明書」（48ページ）を参照してください。

(3) 自動車の登録事項等証明書（規則88条）

強制執行の対象となる自動車を特定するとともに，債務者が所有していることを証明するためです。

自動車の登録事項等証明書は，当該自動車の自動車登録ファイルに登録された「使用の本拠の位置」を管轄する運輸支局のみならず，どこの運輸支局でも申請書を提出して所定の手数料（現在登録事項等証明書300円，詳細登録事項等証明書1,000円）を支払えば取得することができます（道路運送車両法22条，道路運送車両法関係手数料令1条）。

　自動車の登録事項等証明書を取得するためには，原則として，当該自動車の「自動車登録番号」（ナンバープレート）及び「車台番号」の双方を明示する必要がありますが，自動車に対する強制執行において登録事項等証明書を取得する場合には，債務名義等の公的書類の提出または提示（公的書類が存在しない場合は申立書の提出）すれば，「自動車登録番号」または「車台番号」のいずれか一方を明示すれば取得することができます（自動車登録規則26条1項2号，「登録事項等証明書の交付請求方法の変更について」平成19年11月16日国土交通省自動車交通局技術安全部自動車情報課）。

　ストーリーで「三好敬二」の自動車の登録番号が判明していれば，「首都運輸支局」ほかの運輸支局に執行文付きの判決等を提示したうえで，申請書を提出すれば，「三好敬二」の自動車の登録事項等証明書を取得することができます。

　なお，自動車の登録事項等証明書は，東京地裁民事21部や大阪地裁第14民事部，仙台地裁第4民事部においては，いずれも発行後1カ月以内のものが必要です（令和元年5月現在・裁判所Webより）が，裁判所により異なる場合もあるので，強制執行を申し立てる前に裁判所に問い合わせて確認してください。

(4) 債務者等の住民票等，会社法人等の登記事項証明書等（規則15条の2による民訴規則18条及び15条の準用）

　東京地裁民事21部や大阪地裁第14民事部，仙台地裁第4民事部等の裁判所では，債務者の住民票の提出を求めています。それは，債務者に対して開始決定正本の送達をする（規則97条による法45条2項の準用）とともに，強制執行の対象となる自動車の所有者と債務者が同一人物であることを証明する必要がある

からと思われます。そのため，債務者の住民票上の住所・氏名と自動車登録ファイル上の住所・氏名が異なる場合には，住所移転・氏名変更等の経緯を明らかにするため，戸籍の附票や戸籍事項証明書等の書類も必要となります。なお，債権者の債務名義上の住所・氏名と申立時の住民票上の住所・氏名が異なる場合も，債務者の場合と同様の書類が必要です。

　ストーリーで，仮に「三好敬二」の住民票上の住所と自動車の登録ファイル上の住所が異なり，住民票の記載から住所移転の経緯が明らかでない場合には，これらの住所を繋ぐため，「三好敬二」の戸籍の附票や除籍の附票を「三好敬二」の本籍地の市役所にて取得することが必要です。

　また，債務者及び申立債権者が会社法人等である場合には，代表者の資格を証するため，会社法人等の登記事項証明書が必要となります（規則15条の2による民訴規則18条及び15条の準用）。会社法人等の登記事項証明書の本店等と自動車の登録ファイル上の本店等が異なる場合に登記事項証明書の記載から本店移転等の経緯が明らかでない場合には，その旨を証するために閉鎖事項証明書や閉鎖登記簿謄本等の書類が必要となります。登記事項証明書等の取得方法については，【不動産執行の申立て】の「4．申立書の添付書類及び取得方法」の「(5)　債務者の住民票，会社法人等の登記事項証明書等」(50ページ)を参照してください。

　なお，東京地裁民事21部においては，これらの書類は発行後1ヵ月以内のもの，大阪地裁第14民事部では，住民票や戸籍の附票等については発行後1ヵ月以内のもの，会社法人等の登記事項証明書等については発行後3ヵ月以内のものが必要となります。また，仙台地裁第4民事部では，申立債権者の発行後3ヵ月以内の住民票も求められます（令和元年5月現在・裁判所Web）。このように裁判所により必要となる書類，期限が異なりますから，強制執行を申し立てる前に裁判所に問い合わせて確認してください。

(5)　特別売却に関する意見書
【自動車執行の概要】の「3．自動車執行の手続の流れ」の「(9)　売却の実

施」(83ページ)で述べたように，自動車に対する強制執行における売却の方法は，①期日入札，②競り売り，③特別売却，④自動車譲渡命令の4つの方法がありますが，この③の特別売却は，①及び②の方法に比べて売却価額が低くなる可能性があるため，裁判所書記官が特別売却を実施しようとする場合には，「あらかじめ，差押債権者の意見を聴かなければならない。」と規定されているため，「特別売却に関する意見書」が必要となります。

　もっとも，この「特別売却に関する意見書」は，自動車強制競売申立書に意見を記載すれば，別途提出する必要はありません。

(6) 申立債権者宛の封筒及び郵便切手，申立手数料

　申立債権者宛の封筒及び郵便切手については，【不動産執行の申立て】の「4. 申立書の添付書類及び取得方法」の「⑽　申立債権者宛の封筒及び郵便切手，申立手数料」(52ページ)と同様です。

　また，強制競売の申立手数料として，債権者及び債務者が一人で債務名義が1個の場合には4,000円分の収入印紙を添付しますが(民訴費用法3条1項，別表第1の11イ)，この申立手数料だけでなく郵便切手の組み合わせも債務名義の数や裁判所によって異なりますので，強制執行を申し立てる前に裁判所に問い合わせて確認してください。

(7) 請求債権目録その他

　東京地裁民事21部や大阪地裁第14民事部，仙台地裁第4民事部においては，自動車強制競売申立書のほかに請求債権目録1通を提出する必要がありますが(令和元年5月現在・裁判所Webより)，必要な目録やその他の書類については，裁判所により異なる場合もありますから，強制執行を申し立てる前に裁判所に問い合わせて確認してください。

5．申立書の記載事項

　申立ての添付書類が揃ったところで，次に「三好敬二」の自動車に対する強制競売申立書を作成していくことにしましょう。なお，具体的な記載については，【記載例4】を参考にしてください。

　まず，自動車に対する強制競売申立書は，「自動車強制競売申立書」，「当事者目録」，「請求債権目録」，「自動車目録」の4部構成とすることが通常です。なお，「自動車強制競売申立書」と各目録は，左側余白部分をホッチキスで綴じ，各ページの間に申立債権者の印鑑にて契印（割印）をしますが，一般的に裁判書類については，各ページの下部中央にページ数を記載すれば契印（割印）を省略できるため，自動車に対する強制競売申立書においても同様と考えられます。

(1) 「自動車強制競売申立書」の記載事項

　まず，標題として，「自動車強制競売申立書」と記載します（規則15条の2による民訴規則2条1項2号の準用）。次に，裁判所の表示として，「三好敬二」の自動車の自動車登録ファイルに登録された「使用の本拠の位置」を管轄する「首都地方裁判所」を記載し，申立年月日として，申立書の提出日を記載します（規則15条の2による民訴規則2条1項4号及び5号の準用）。

　続いて，申立債権者である「三浦小枝子」の郵便番号や住所に加え，「申立債権者　三浦小枝子」と記載し，氏名の横に押印します（規則15条の2による民訴規則2条1項柱書及び1号の準用）。「三浦小枝子」の氏名については，記名でも問題はありませんが，司法書士としては，申立債権者の申立意思確認のため，署名してもらうことが望ましいでしょう。なお，押印する印鑑は認印でもかまいませんが，仮に，後になって強制執行を取り下げることになった場合に裁判所に提出する取下書に押印する印鑑が申立書に押印した印鑑と異なる場合には，実務上，実印と印鑑証明書が必要となることは「不動産に対する強制競売」の場合と同様です。さらに，一般的には，「三浦小枝子」の電話番号や

FAX番号も記載します。

　そして,「司法書士高宮良一郎」が申立書を作成しますから,作成者を明確にするために「司法書士高宮良一郎」の事務所住所と「申立書作成者　司法書士高宮良一郎」と記載し,その横に職印を押印するべきでしょう(司法書士規則28条1項参照)。申立債権者は「三浦小枝子」ですが,実務上,申立書の不備や添付書類が不足していた場合等に裁判所書記官から司法書士に問い合わせの連絡があることも多いので,司法書士事務所の電話番号及びFAX番号も記載しておくべきでしょう。

　ところで,先ほど「自動車強制競売申立書」,「当事者目録」,「請求債権目録」,「自動車目録」の4部構成とすることが通常であると述べましたが,それは,通常,「自動車強制競売申立書」の中に「当事者　別紙目録のとおり」,「請求債権　別紙目録のとおり」,「目的自動車　別紙目録のとおり」と記載するためですので,「別紙目録」として,別途「当事者目録」,「請求債権目録」,「自動車目録」を作成するわけです。

　次に,自動車に対する強制執行の場合,民事執行規則21条3号において「強制執行の方法」を記載するよう規定されています。そのため,「債権者は,債務者に対し,別紙請求債権目録記載の執行力のある債務名義の正本に表示された上記請求債権を有しているが,債務者がその支払をしないので,債務者所有の別紙自動車目録記載の自動車に対する強制競売の手続の開始を求める。」のように記載します。

　また,前記4.の「(5)　**特別売却に関する意見書**」(92ページ)で述べたとおり,この特別売却に関する意見書を添付する代わりに申立書に記載する場合,「本件自動車につき,入札又は競り売り以外の方法により売却を実施することについて異議ありません。」と記載します。

　最後に,「添付書類」について,「1　執行力のある債務名義の正本」,「2　送達証明書」,「3　自動車登録事項等証明書」,「4　住民票」などと記載します(規則15条の2による民訴規則2条1項3号の準用)。

(2)　「当事者目録」の記載事項

まず，ストーリーでは，申立債権者である「三浦小枝子」の住所と郵便番号に加え，債権者の氏名として「債権者　三浦小枝子」と記載します（規則21条1号）。そして，債権者及び債務者の住所・氏名が債務名義や自動車登録ファイル（登録事項等証明書）の住所・氏名と異なる場合には，「債務名義上の住所」，「債務名義上の氏名」，「自動車登録ファイル上の住所」，「自動車登録ファイル上の氏名」を併記します。

なお，「送達場所」及び「送達受取人」に関しては，【不動産執行の申立て】の「5．申立書の記載事項」の「(2)　「当事者目録」の記載事項」（56ページ）と同様です。

最後に，債務者である「三好敬二」の住所と郵便番号に加え，債務者の氏名として「債務者　三好敬二」と記載します（規則21条1号）。

(3)　「請求債権目録」の記載事項

請求債権目録の記載については，【不動産執行の申立て】の「5．申立書の記載事項」の「(3)　「請求債権目録」の記載事項」（56ページ）と同様なので，そちらを参照してください。

(4)　「自動車目録」の記載事項

「自動車目録」には，強制執行の対象となる自動車の表示をしますが，ストーリーの場合，「三好敬二」の自動車の登記事項等証明書のとおり，「登録番号」，「種別」，「用途」，「自家用，事業用の別」，「車名」，「型式」，「車台番号」，「原動機の形式」，「使用の本拠の位置」，「所有者の氏名」を記載することになります。

6．自動車引渡執行申立書の添付書類及び取得方法

続いて，「三浦小枝子」が「首都地方裁判所」から「三好敬二」の自動車に

対する強制競売開始決定正本の送付を受けた…という仮定の下に，実際に自動車引渡執行の申立書を作成していくこととします。

まず，【自動車執行の概要】の「3．自動車執行の手続の流れ」の「(2) 強制競売開始決定」(79ページ)にて述べたとおり，自動車引渡執行は，執行官が「自動車を取り上げ」(規則97条の準用による法120条の準用)て「執行官に引き渡す」(規則89条1項)方法により行われるものですから，「執行官が債務者からこれを取り上げて債権者に引き渡す方法により行う」動産の引渡執行(法169条1項)により，自動車の所在地を管轄する地方裁判所所属の執行官(執行官室)に対して申し立てることになります(『民事執行の実務・不動産執行編(上)』119頁，園部『民事執行の実務(下)』73頁参照)。

そこで，執行官に対する強制執行の申立てに関する一般的な添付書類が必要です。

(1) 強制競売開始決定正本（規則21条）

ストーリーでいえば，「三浦小枝子」が「首都地方裁判所」から普通郵便等にて送付を受けた強制競売開始決定正本です。

強制競売開始決定において発せられた自動車引渡命令は，民事執行法22条3号の債務名義に準じて扱われ，執行文も不要とされています(『民事執行の実務・不動産執行編(上)』119頁，中野・下村『民事執行法』628頁参照)。

なお，自動車引渡執行は，開始決定が債務者に送達される前であっても行うことができる(規則89条4項)ため，送達証明書の添付は必要ありません。

(2) 会社法人等の登記事項証明書等（規則15条の2による民訴規則18条及び15条の準用）

申立債権者及び債務者が会社法人等である場合には，代表者の資格を証するため，その登記事項証明書等の書類が必要です。なお，会社法人等の登記事項証明書等の取得方法については，【不動産執行の申立て】の「4．申立書の添付書類及び取得方法」の「(5) 債務者の住民票，会社法人等の登記事項証明書

等」(50ページ)のとおりです。

　ストーリーでは，申立債権者である「三浦小枝子」も債務者である「三好敬二」も自然人であるため，会社法人等の登記事項証明書等は不要です。

(3) 自動車の所在地の略図その他

　自動車引渡執行の執行場所は，実際に自動車が保管されている場所となるので，執行官の便宜のために住宅地図等の略図を添付すべきでしょう。

　また，申立手数料は，原則として7,000円とされています(執行官法9条1項，執行官手数料規則22条1項1号)。ただし，執行官が申立てにより取り扱う事務については，「手数料及び職務の執行に要する費用の概算額」を予納する必要があり(執行官法15条，執行官手数料規則18条)，この予納金の額は，執行官が事案により適当と認める額となりますから(『執行官実務の手引』30頁参照)，その他の書類などとあわせて，自動車引渡執行を申し立てる前に執行官の所属する地方裁判所の執行官室に問い合わせて確認してください。

7．自動車引渡執行申立書の記載事項

　申立ての添付書類が揃ったところで，次に「三好敬二」の自動車に対する自動車引渡執行申立書を作成します。具体的な記載については，【記載例5】を参考にしてください。

(1) 債権者及び債務者の氏名及び住所（規則21条1号）

　ストーリーでいえば，申立債権者である「三浦小枝子」の郵便番号や住所，電話番号，FAX番号に加え，「債権者　三浦小枝子」と記載し，氏名の横に押印します。「三浦小枝子」の氏名については，記名でも問題はありませんが，司法書士としては，申立債権者の申立意思確認のため，署名してもらうことが望ましいという点は，前記5．の「(1)「自動車強制競売申立書」の記載事項」(94ページ)で説明したとおりです。

そして,「司法書士高宮良一郎」を申立書作成者とする点における,作成者等の記載,職印の押印,送達場所及び送達受取人の記載についても同様です。
　次に,債務者である「三好敬二」の住所と郵便番号に加え,債務者の氏名として「債務者　三好敬二」と記載します。

(2)　債務名義の表示（規則21条2号）
　前記6.の「(1)　強制競売開始決定正本」（97ページ）のとおり,自動車引渡執行の債務名義は,強制競売開始決定において発せられた自動車引渡命令ですので,「首都地方裁判所平成25年（ヌ）第○○号強制競売開始決定（自動車引渡命令）」などと記載します。

(3)　強制執行の目的とする財産の表示及び求める強制執行の方法（規則21条3号）
　強制執行の目的とする財産は,強制競売開始決定の対象となった自動車であり,求める強制執行の方法は自動車引渡執行ですので,「執行の目的及び執行の方法」として「自動車引渡執行」,「目的物件の表示」として「別紙自動車目録記載のとおり」と記載したうえで,別途,前記5.の(4)の「自動車目録」を添付することになるでしょう。

【記載例4】　自動車強制競売申立書

自動車強制競売申立書

首都地方裁判所民事第3部不動産執行係　　御　中

平成　　年　　月　　日

　　　　　　　〒123－4567　首都県つかさ市中央二丁目3番4号
　　　　　　　申立債権者　　三　浦　小　枝　子　　　　　㊞
　　　　　　　　　　　　ＴＥＬ　○○○（○○○）○○○○
　　　　　　　　　　　　ＦＡＸ　○○○（○○○）○○○○

　　　　　　（申立書作成者）
　　　　　　　〒123－4567　首都県つかさ市中央一丁目2番3号
　　　　　　　　　　　　きさらぎ法務事務所
　　　　　　　　　　　　司法書士　高　宮　良　一　郎　　㊞
　　　　　　　　　　　　ＴＥＬ　○○○（○○○）○○○○
　　　　　　　　　　　　ＦＡＸ　○○○（○○○）○○○○

　　　　　　当　事　者　⎫
　　　　　　請　求　債　権　⎬　別紙目録のとおり
　　　　　　目的不動産　⎭

　債権者は，債務者に対し，別紙請求債権目録記載の執行力のある債務名義の正本に表示された上記請求債権を有しているが，債務者がその支払をしないので，債務者所有の別紙自動車目録記載の自動車に対する強制競売の手続の開始を求める。

　　☑　本件自動車につき，入札又は競り売り以外の方法により売却を実施することについて異議ありません。

添　付　書　類
　　1　執行力のある債務名義の正本　　　1　通
　　2　送達証明書　　　　　　　　　　　1　通
　　3　自動車登録事項等証明書　　　　　1　通
　　4　住民票　　　　　　　　　　　　　1　通

【記載例4】 自動車強制競売申立書

当 事 者 目 録

〒１２３－４５６７　　首都県つかさ市中央二丁目３番４号
　　　　　　　　　　　債　権　者　　三　　浦　　小　枝　子
（送達場所）

〒１２３－４５６７　　首都県つかさ市中央一丁目２番３号
　　　　　　　　　　　きさらぎ法務事務所
（送達受取人）　　　　司 法 書 士　　高　　宮　　良　一　郎

〒１２３－４５６８　　首都県つかさ市本町三丁目４番５号
　　　　　　　　　　　債　務　者　　三　　好　　敬　　二

【記載例4】 自動車強制競売申立書

請 求 債 権 目 録

債権者債務者間のつかさ簡易裁判所平成24年（ハ）第375号事件の執行力のある判決正本に表示された下記金員

1. 元　　　　金　　　金100万円

2. 損　　害　　金　(1) 上記1の元金のうち金50万円に対する平成24年9月1日から支払済みまで年6％の割合による損害金
　　　　　　　　　(2) 上記1の元金のうち金50万円に対する平成24年10月1日から支払済みまで年6％の割合による損害金

【記載例4】　自動車強制競売申立書

自 動 車 目 録

1　登　録　番　号　　つかさ５０１へ１２３４号
　　種　　　　別　　普　通
　　用　　　　途　　乗　用
　　自家用，事業用の別　　自家用
　　車　　　　名　　マエダ
　　型　　　　式　　ＣＤ－ＡＢ１００
　　車　台　番　号　　ＡＢ１００－６５４３２１
　　原動機の型式　　Ｅ１２Ｇ
　　使用の本拠の位置　　首都県つかさ市本町三丁目４番５号
　　所有者の氏名　　三　好　敬　二

【記載例5】 自動車引渡執行申立書

<table>
<tr><td colspan="2" align="center">強 制 執 行 申 立 書</td><td colspan="2">受付印</td></tr>
<tr><td colspan="2">首都地方裁判所　執行官室　　御中
平成　　年　　月　　日</td><td colspan="2">予納金　　　円　担当　　　区</td></tr>
<tr><td colspan="4">〒１２３－４５６７　　首都県つかさ市中央二丁目３番４号
　　　　債 権 者　　三 浦 小 枝 子　　　　　　　　　　　㊞
　　　　　　　　　ＴＥＬ　　（　）　　　ＦＡＸ　　（　）</td></tr>
<tr><td colspan="4">〒１２３－４５６７　　首都県つかさ市中央一丁目２番３号
　　　　　　　　　きさらぎ法務事務所（送達場所）
（申立書作成者）　司法書士　高 宮 良 一 郎（送達受取人）　㊞
　　　　　　　　　ＴＥＬ　　（　）　　　ＦＡＸ　　（　）</td></tr>
<tr><td colspan="4">〒１２３－４５６８　　首都県つかさ市本町三丁目４番５号
　　　　債 務 者　　三　好　敬　二</td></tr>
<tr><td>執行の目的及び執行の方法</td><td colspan="3">自動車引渡執行</td></tr>
<tr><td colspan="4">目的地の所在地（住居表示で記載する）
　　□　上記債務者の住所
　　☑　首都県つかさ市本町三丁目○番○号の駐車場○番（詳細は別紙図面のとおり）</td></tr>
<tr><td colspan="4">債務名義の表示
　　　首都地方裁判所　平成２５年（ヌ）第○○号強制競売開始決定（自動車引渡命令）</td></tr>
<tr><td colspan="4">目的物件の表示　　別紙自動車目録記載のとおり</td></tr>
<tr><td colspan="2">添付書類
１　執行力のある債務名義の正本　１通
２　自動車の所在場所の略図　　　１通
３
４</td><td colspan="2">１　執行の日時　　　月　　日希望
２　関連事件の事件番号
　　　地方裁判所平成　年（執）
　　第　　　号</td></tr>
<tr><td colspan="4">☑　執行調書謄本を関係人に交付してください。
□　事件終了後，債務名義正本を返還してください。
　　　　　　　　　　債 権 者　　三 浦 小 枝 子　　　　　㊞</td></tr>
</table>

【記載例5】　自動車引渡執行申立書

自 動 車 目 録

1　登　録　番　号　　つかさ501へ1234号
　　種　　　　別　　　普　通
　　用　　　　途　　　乗　用
　　自家用，事業用の別　自家用
　　車　　　　名　　　マエダ
　　型　　　　式　　　CD-AB100
　　車　台　番　号　　AB100-654321
　　原動機の型式　　　E12G
　　使用の本拠の位置　首都県つかさ市本町三丁目4番5号
　　所 有 者 の 氏 名　　三　好　敬　二

第7章 訴訟提起

　良一郎は，早速，訴状の作成にとりかかった。
「陽次。悪いけど，三好敬二の住民票をとる準備をしてくれ。」
　良一郎が金庫から出した冊子を差し出すと，陽次は，わかりました，と答えてから亜沙美の横に座って，説明を始めた。
「司法書士は，仕事上で必要ならば，職権で他人の住民票や戸籍謄本をとることができるんだ。三浦さんの訴訟は，三浦さんの住所地を管轄するつかさ簡易裁判所へ提起する予定なんだけど，強制執行のことまで考えると，被告の住所はちゃんと確認しておかないといけないからね。」
「なるほど。それで，これがその職権で請求する用紙ですか？」
「そう。『職務上請求書』っていうんだ。この用紙は他人の個人情報である住民票や戸籍謄本をとる特別なものだから，取扱い要注意の大切な書類なんだよ。」
「だから，高宮先生が金庫から出したんですね。」
「そのとおり。使うときには必ず先生の許可をもらって，金庫から出してもらうことになっているんだよ。取扱注意の重要書類だから，永岡さんも気をつけてね。」
「わかりました。」
「じゃ，書き方を説明するね。」
　陽次は，亜沙美に職務上請求書の書き方を丁寧に教えていった。

　クリスマスの音楽が街に流れる中でお正月の準備に追われる和洋折衷の

この時期に，良一郎は，訴状を完成させると，すぐにつかさ簡易裁判所に提出するよう陽次に頼んだ。
　簡易裁判所は生活に根差した最も身近な裁判所だ。全国の主だった都市に合計で438カ所に設置されていて，人々の生活の中で生じたトラブルを解決するために調停や原則140万円以下の少額の裁判を担当している。きさらぎ法務事務所からも車で20分ほどのところにつかさ簡易裁判所はあった。訴状は郵送による提出もできるが，良一郎は年内に訴訟提起するのを目標にしていたから，陽次に訴状を持って行ってもらうことにしたのであった。
　訴状を簡易裁判所の受付に提出すると，その場で訴状がチェックされ，事件番号が与えられて，裁判所はこの事件番号ですべての事件を把握することになる。事件番号は，訴訟を提起した年の元号による年と事件の種類を分類するためのカタカナなどをかっこ書にし，受付順に番号がつけられる。簡易裁判所では，今回のようなリフォーム代金の返還請求訴訟は一般民事事件として"（ハ）"となるので，小枝子の訴訟は，平成24年（ハ）第375号という事件番号が与えられた。
　陽次は，つかさ簡易裁判所の事件受付で言われて書いた事件番号のメモを良一郎に渡しながら，「無事に今年の事件番号がつきましたね。」と言った。良一郎は，年内に訴訟を提起できたことに安堵して「うん。ご苦労さん。」と答えながら，亜沙美のいれてくれたお茶を美味しそうにすすった。
「永岡さんも貴重な情報をくれたからね。助かったよ。」
「先生，私，あれから2，3日に1度くらい自転車通勤の途中にお店の前を通るようにしているんですけど，どう見てもお店が動いている様子が全くないんですよね。」
　亜沙美は，三好の事件に相当の興味を持ったらしく，ずっと探偵の続きをやっていた。
「それ，どういうこと？　どうしてそう思ったの？」
　良一郎は，今後の訴訟の進行にも影響すると思って尋ねた。

「朝だけならお店に誰もいなくてもおかしくないと思うんですよ。でも，私が定時に帰宅するときでもだいたい電気がついていないし，誰かがいる様子もなくて…。同じ日の朝と帰りに様子を見に行ったこともあるんですが，机の上の書類の位置が同じだったんですよ。普通ならあり得ないですよねぇ？」

さすがの瞬間情報察知能力だと思いながら，良一郎はさらに尋ねた。

「2階の自宅はどうだった？」

「玄関灯はだいたいついていますけれど，部屋の明かりは見えないことが多いですね。予備校講師の仕事で忙しいんですかねぇ。」

「そうか。永岡さん，貴重な情報をありがとう。そうなると，訴状が送達されない可能性もあるね，陽次。」

陽次は，勉強したことが実地でできることで，ふたたび眼を輝かせて答えた。

「送達されなければ，簡裁から連絡が入りますよね。そうなったら，調査に行かなくちゃ。ね，永岡さん。」

「センパイ，調査なら私がもう…。」

亜沙美は気色ばんで反論しようとしたが，陽次にさえぎられた。

「違うよ，永岡さん。裁判所から要請された調査なら，コソコソ見て回るんじゃなくて堂々と調べられるじゃない。」

「ひどい，センパイ。私，コソコソなんてしていませんから！」

「だって，コッソリ見て…」

二人の様子を見て，切りがないと思った良一郎は，机の上に広げた戸籍謄本の束をチェックしながら言った。

「まあまあ，ふたりとも。まだ送達できないと決まったわけじゃないんだからさ。はい，仕事，仕事。」

良一郎の言葉で，陽次も亜佐子も，仕方なく自分の机に戻ってそれぞれの作業にとりかかった。

【記載例6】 訴状

訴　　状

平成24年12月24日

つかさ簡易裁判所民事部　御中

　　　　　原告訴訟代理人司法書士　髙　宮　良一郎　㊞

〒123-4567　首都県つかさ市中央二丁目3番4号
　　　原　告　三　浦　小枝子

〒123-4567　首都県つかさ市中央一丁目2番3号
　　　　　　　きさらぎ法務事務所（送達場所）
　　上記訴訟代理人司法書士　髙　宮　良一郎
　　　　　　　ＴＥＬ　○○○（○○○）○○○○
　　　　　　　ＦＡＸ　○○○（○○○）○○○○

〒123-4568　首都県つかさ市本町三丁目4番5号
　　　被　告　三　好　敬　二

リフォーム代金返還請求事件
　　訴訟物の価格　　金１００万円
　　貼用印紙額　　　金１万円

第１　請求の趣旨
１　被告は，原告に対し，以下の金員を支払え
　(1)　金１００万円
　(2)　上記(1)の金員のうち金５０万円に対する平成２４年９月１日から支払済みまで年６％の割合による金員
　(3)　上記(1)の金員のうち金５０万円に対する平成２４年１０月１日から支払済みまで年６％の割合による金員
２　訴訟費用は，被告の負担とする
との判決及び第１項について仮執行の宣言を求める。

第２　請求の原因
１　被告は，「三好リフォーム企画」の屋号にて住宅等建物のリフォーム工事を業として行う建築業者である。
２　被告は，平成２４年６月１５日，原告宅を訪問し，後記物件目録記載の建物（以下，「本件建物」という。）につき，屋根の補修工事をしなければ雨漏りが発生するなどと言って勧誘し，同日，原告との間で下記の約定にてリフォーム工事契約（以下，「本件契約」という。）を締結した（甲第１号証）。
記
　　工事内容：本件建物のスレートぶき屋根補修工事
　　工事期間：平成２４年６月３０日から７月１４日
　　工事代金：金１００万円

3 原告は，同年6月18日，本件契約に基づく工事代金100万円を被告指定の銀行口座に振り込み支払った（甲第2号証）。
4 本件契約は，建築業を営む被告の営業所等以外の場所において締結された役務提供契約であるため，特定商取引に関する法律第2条第1項第1号に定める「訪問販売」に該当する。
5 原告は被告に対し，同年6月21日，同法第9条第1項に基づき本件契約を解除する旨の書面を発し，同書面は，同年6月23日に被告に到達した（甲第3号証の1, 2）。
6 同年7月15日，原告と被告は，本件契約の解除に伴う工事代金の返還につき，被告が同年8月から9月まで毎月末日限り金50万円ずつ分割して原告指定の口座宛振り込み支払う旨合意した（甲第4号証）。
7 しかしながら，被告は，現在に至るまで，上記分割金の支払いをしない。
8 よって，原告は，被告に対し，特定商取引に関する法律第9条第1項の解除に基づく原状回復請求権に基づき，次の金員の支払いを求める。
 (1) 金100万円
 (2) 上記(1)の金員のうち金50万円に対する支払期限の翌日である平成24年9月1日から支払済みまで商事法定利率年6％の割合による遅延損害金
 (3) 上記(1)の金員のうち金50万円に対する支払期限の翌日である平成24年10月1日から支払済みまで商事法定利率年6％の割合による遅延損害金

証 拠 方 法

1 甲第1号証　　　　　リフォーム工事契約書
2 甲第2号証　　　　　振込依頼書
3 甲第3号証の1　　　解除通知書（内容証明郵便）

4　甲第3号証の2　　　　配達証明書
5　甲第4号証　　　　　　覚書

附　属　書　類

1　訴状副本　　　　　　　　　　1通
2　訴訟委任状　　　　　　　　　1通
3　甲第1乃至4号証（写し）　　各2通

第8章 送達不能

　新しい年がスタートしたが，きさらぎ法務事務所の仕事始めは毎年遅い。良一郎は，年末は法務局と同じ12月28日に仕事納めにし，年始のスタートは遅めにするようにしている。これは，良一郎が司法書士になって独立開業を決めたときに自ら定めたポリシーのようなもので，夏休みと年末年始はしっかり休むことにしているからである。自由業は，自分が仕事をしようと思えば年中無休でもかまわないし，休暇を取りたいと思えば自由に取ることができる，というのが良一郎の考えであった。

　少し長めの年末年始の休暇が明けたあと，数日間は事務所にとって新年のあいさつやら年賀状の整理やらで，なかなか仕事モードに入れないのが通例であったが，世の中はすでに始動していて，つかさ簡易裁判所の書記官から，早速口頭弁論期日の日程調整をするための電話が入った。良一郎が裁判所に訴状を持っていくときは，その場で期日を決めることもできるが，小枝子の事件は陽次が持って行ったので，まだ期日が決まっていなかったのである。

「先生が代理人の，平成24年（ハ）第375号，原告三浦小枝子さん，被告三好敬二さんの事件で，期日の件です。」
「少しお待ちください。今，手帳を出しますので…。」
　良一郎は，急いで真新しい手帳を取り出した。
「はい，お願いします。」
「開廷日は金曜日なので，一番早いのが2月15日の午前10時，10時30分です。その次は，2月22日の午前10時，11時です。」

電話口の向こうで，裁判所書記官がスケジュール表を見ながら次々と候補日を読み上げた。
「では，2月22日の午前10時でお願いします。」
「わかりました。では，2月22日午前10時ということで期日請書をお願いします。」
「はい。わかりました。どうもありがとうございました。失礼します。」
電話を切って，良一郎が顔を上げると，陽次がもう期日請書を作り始めていた。
「2月22日の午前10時ですね？」
「うん。悪いけどFAXしておいて。」
良一郎はそう言いながら，小枝子へ電話をして今決めたばかりの期日を知らせた。
「先生，すみませんが，その日は孫の学校の手続もあって息子一家が来ることになっているんですよ。」
小枝子が，電話の向こうでいかにも申し訳なさそうな声で言ったので，
「そうですか。同居の話は着々と進んでいるんですね。裁判のほうは，三浦さんが来られなくても大丈夫ですよ。」
良一郎がそう答えると，小枝子は安心したように答えた。
「すみませんが，よろしくお願いいたします。三好と顔を合わせるのもなんだかちょっといやですし。」
なんとか100万円を回収したいという思いはあっても，三好という人物に対する小枝子の不信感は当然だろう，と良一郎は思った。息子一家が同居してくれることが小枝子にとってはどれほど心強いことかは，小枝子の声のトーンが如実に物語っている。
「わかりました。何かありましたらご連絡しますので，その時間帯はできるだけ携帯電話に出られるようにしておいてくださいね。」
そう言って，良一郎は電話を切った。

期日を決める電話をもらってから１カ月近くたった２月上旬のある日，つかさ簡易裁判所の書記官からふたたび電話が入った。案の定，三好の自宅に訴状が届かないというのである。良一郎のいやな予感は的中してしまった。
「休日送達もしましたが，保管期間経過で送達されなかったので，付郵便にすることにしますから，現地調査をお願いします。」
「わかりました。」
　良一郎は，一応想定内のことではあったが，やはり一筋縄ではいかないなぁ，とがっかりしながら送達についての調査をして報告書を提出することを伝えた。すると，裁判所書記官は，
「それから，期日が２月22日に入っていますが，ちょっと間に合わないので変更させてください。３月８日の午前10時，３月15日の午前10時，10時30分あたりでどうでしょうか？」
　良一郎は，手帳を見ながら「３月８日の午前10時でお願いします。」と答えたところ，
「わかりました。では変更後の期日で期日請書をお願いします。」
　良一郎の電話の様子から，陽次にはなんのことかすぐにわかったが，亜沙美にも何が起きているのかをおぼろげながら理解することができた。年末に，コソコソ調査していたなどと陽次に言われていたので，全く失礼な！と思った亜沙美は，悔しくてインターネットで情報を仕入れていたのだ。裁判所に訴状を提出するときに，訴状副本という訴状と同じ書面を出し，裁判所がそれを被告に送って届いてから裁判が始まるという流れらしい。だから，三好に訴状副本が届かないということはつまり裁判が始まらない，ということを亜沙美は理解していたのである。

　良一郎が電話を切ると，陽次が眼を輝かせて言った。
「先生，やっぱり送達できなかったんですね？」
「うん。付郵便にするって。内容証明郵便は三好に届いていたから，やっ

ぱり故意に受け取らないということなんだろうね。まぁ，友人のふりをしてかどうかは知らないけれど，入院しているなんて言っちゃった手前，受け取るわけにもいかないんだろうけどさ。」
「先生，フユウビンてなんですか？」
　亜沙美が尋ねた。
「『書留郵便に付する送達』っていうんだけどね。要するに訴状副本を被告へ送達するところでつまづいたんだよ。」
「訴状の副本は，被告に届かなければ裁判が始まらないんですよね？」
「そのとおりだよ，永岡さん。よく知ってるねぇ。」
「このあいだ，センパイに言われたことが悔しくて調べたんですよ，先生。」
　亜沙美は，陽次をチラっと見ながらそう答えた。陽次は，亜沙美の視線を感じてクスっと笑いながら聞いていた。
「そうか。送達にはいろんな方法があるけれど，訴訟を提起するとまずは特別送達という方法で被告に訴状副本を送達するんだ。郵便屋さんが届けてくれるから外形上は書留郵便と同じように見えるんだけど，これは特殊な任務を持った郵便局員が届けてくれるんだよ。ただ，直接被告とかその家族なんかが受け取ってくれないこともある。そうなると，今度は休日に届くようにして裁判所が送達してくれるんだけど，三好みたいにわざと受け取らない被告もいるわけさ。」
「わかっていながら受け取らないなんて，相当慣れていますね。」
「そうだよね。で，送達先の住所に間違いがないのであれば裁判所が訴状副本を書留郵便にして出すと，発送したときに送達の効力が生じるということになっているんだ。」
「だけど先生，書留郵便ならまた受け取らないということもあり得ますよね？」
　亜沙美の質問はなかなか鋭いな，と良一郎は思った。
「うん，そうなんだ。だから，裁判所はどんな書面を書留で送ったかを，

別の普通郵便で被告に知らせるんだよ。」
「なるほど。そのお知らせ郵便ならポストに入れられちゃいますものね。」
　亜沙美は感心したように言った。
「だけど，付郵便は発送したときに一方的に送達されたことになるわけだから，その方法を選択する前に調査して報告する，という流れになっているのさ。」
　そばで聞いていた陽次が割って入った。
「先生，今日は少し時間がありますから，ぼくと永岡さんでこれから現場を堂々と調査してきますよ。」
「うん，そうだね。早いほうがいいから，頼むよ。」
「それじゃ，永岡さん，行こう。」
　亜沙美は陽次の"堂々と"という言葉に少しむっとしたような顔をしながら，陽次と連れ立って現地の調査に出かけて行った。
　良一郎は，この訴訟が無駄にならなければいいが，と一抹の不安を覚えながら，期日請書を作ってFAXで裁判所に送ったあと，期日が変更になったことを知らせるために小枝子に電話をかけた。
「まぁ，先生。三好はわざと裁判所からの書類を受け取らないんですか？なんてひどいのかしら！」
「本当に受け取れるような状況にないのなら，相当慣れているっていうことでしょうかね。ところで，送達が遅れた関係で期日が3月8日の午前10時に変更になったんですよ。」
「…あらいやだ。先生，私その日も…」
「あっ，大丈夫ですよ，三浦さん。前回も申し上げたように，その時間帯には念のため携帯電話に出られるようにしてくださればいいですから。」
「2度までも，申し訳ありません。」
「そのための代理人でもあるんですから。」
　良一郎は，そう言いながら"簡裁訴訟等代理権"という言葉を今更ながらかみしめていた。

第9章 現地調査

　現場である三好の店舗兼自宅は，事務所から車で10分もかからない。少し狭い裏道を行けば自転車の方が早いくらいだわ，などと思いながら，亜沙美は車の助手席から，事務所の車を運転する陽次に尋ねた。
「センパイ，なにを調べに行くんですか？」
「例えば，三好がしばらく不在なのかどうかを郵便物のたまり具合で確認したり，電気のメーターで空き家かどうかを見たり…。それから，ご近所さんに三好の様子を聞くとかさ。」
「なるほど。裁判所の指示となればこちらの気持ちも堂々となりますね。」
　亜沙美は，通いなれた道を案内しながら，ふたたび興味津々の顔つきになっていた。
「ただね，堂々とした気持ちで三好に裁判を起こしていることまで話す必要はないからね。」
「なるほど。それも個人情報ですものね。」
　車は，あっという間に三好リフォーム企画とガラスのドアに書かれた店の前に着いたが，まさか目の前に駐車したままで動くわけにもいかない。陽次は近所を低速でうろうろしながら三好の家から少し離れて県道を渡ったところにコインパーキングを見つけ，車を止めた。
　陽次と亜沙美は，車を降りてスタスタと三好の店舗兼自宅へ向かって県道を渡り，三好リフォーム企画の店の前まで来たが，案の定，電気はついておらず，店の中に人の気配はなかった。
　陽次は，亜沙美の話を思い出しながらさりげなく店の中を覗きこみ，壁

のカレンダーにみかげ信金の名前を見つけていた。
「確かに，みかげ信金のカレンダーだね。ちゃんと今年の新しいカレンダーになっている。動産は，複合機，机と椅子が２セットだけか。あの電話器はリースかなぁ。ポスターのほうは…なんとか事務リースって書いてあるぞ。」
「ということは，全部リースということもありますかね？」
　陽次と亜沙美は，時折後ろを気にして交互に振り返りながら並んでガラス越しに店の中を覗いたあと，店の横から奥に入って階段のあたりまで来た。すると，確かに"三好"と書かれた小さなプレートがポストに貼ってある。亜沙美は，ポストの透明なプラスチックの窓から中を覗き込んだが，郵便物らしきものはひとつもなかったので，三好がいつもちゃんと帰宅しているに違いないと思った。陽次はというと，上のほうを見上げて電気のメーターを見つけ，じぃっとメーターの動きを見ていた。少しずつメーターが動いているということは，生活しているのは間違いなさそうだ，と陽次は思った。
「どうやら，空き家になっているわけではないようですね。」
　亜沙美が言うと，陽次もうなずきながら，
「そうだね。じゃ，戻ろうか。」
と答えた。
　二人が階段の前を離れて道路に出ると，いきなり後ろから女性の声がした。
「あの〜，こちらになにか御用ですか？」
　陽次も亜沙美もビクっとして一瞬固まったあとにゆっくりと振り向くと，スーパーの袋を手にした50代くらいの身奇麗な女性が立っている。亜沙美はすかさず，
「あ，すみません。ちょっとお伺いしたいんですが，１階の三好リフォーム企画さん，どなたもいらっしゃらないんですか？」
「三好さん？　お店はこのごろ開いているのを見たことがないですねぇ。」

もっとも，三好さんはいつもお昼過ぎからお仕事に出ていますよ。お帰りはいつも夜みたいだから，お忙しいんじゃないかしら。」
「そうですか。で，奥様は三好さんの…？」
　横から加わった陽次の言葉で，女性は三好の妻かなにかに間違われたと勝手に勘違いしたのか，少し怒ったような顔をして気色ばんだ。
「まさか！　私は三好さんの隣の，ほらその奥の家の者ですよ。」
「まぁ，そうでしたか。あの大きな素敵なお家の…。どうも失礼しました。」
　あわてて取り繕うように言った亜沙美のこの一言が，一転して今度は女性の顔を少しうれしそうな顔つきに変えた。すかさず亜沙美は聞いた。
「私たち，三好さんの仕事の関係で，ちょっと近くまできたものですから，おうちを訪ねて来てみたんですよ。」
「まぁ，そうでしたか。私もね，三好さんとはあんまりお付き合いがあるわけじゃないし，ほら，別に監視しているわけじゃないからねぇ，なにも詳しいことは知らないんだけど…。」
　陽次と亜沙美は，同意するようにうなずいてから女性の目をじっと覗き込むと，まるで聞いてほしいとでも言わんばかりに自分からどんどんと話し始めた。
「三好さんはね，お母さんと二人で住んでいたんですよ。だけど，去年お母さんが施設に入っちゃったの。で，三好さん，急に一人暮らしになっちゃったでしょう。ゴミの出し方ひとつにしてもわからないものだから，私がね，いろいろと教えてあげたんですよ。それなのに，感謝しているんだかいないんだか，たまにすれ違ってもろくに挨拶もしないでねぇ。」
「そうですか。ご近所のルールってやったことのない方にはわからないですものね。いろいろとご親切にして差し上げたのにねぇ。」
　亜沙美は，同情するような言葉を女性にかけた。
「そうなのよ。でもね，私が教えたせいか，たまには家の前の掃き掃除とかもするようになったんですよ。週末なんかは，近くをジョギングした

りして，健康には気をつけているのかしらね。お母さんの施設の費用もかかるからかしら，仕事は忙しくやっているみたいよ。」
「そうですか。どうもいろいろとありがとうございました。」
　陽次がそう言うと，亜沙美も，
「じゃ，また出直してみます。お忙しいところを失礼しました。」
と頭を下げてから，二人は並んで車を置いたコインパーキングへと後を振り向かずに歩いて行った。亜沙美は心なしか高揚したような顔を，陽次は心なしか打ちひしがれたような顔をして。

　陽次は，亜沙美の人心掌握術とも言うべき会話による探偵能力に舌を巻いたように，車に乗り込むと同時に亜沙美を褒め始めた。
「永岡さん，すごいね。」
「なにが，ですか？」
　亜沙美は助手席で調査した内容を書こうと手帳を取り出しながら，聞き返した。
「だってさぁ，こっちの情報はなにも出さずに必要なことは全部聞き出したじゃないか。それにウソもついていないし。『三好さんの仕事の関係で…』なんてうまいこと言うよなぁ。確かにそのとおりだもん。それにしても女性はすごいよね…というより永岡さんはすごいよ！」
「センパイのその言い方，なんだかあんまり褒められているような感じがしないんですけど。」
「いや，ホント。君は立派な探偵だよ。」
「じゃ，素直に褒めていただいたということで。コソコソ調査していたからうまくなったのかしらね。さ，事務所に戻りましょ，センパイ。」
　一言反撃した亜沙美に促されて，車をパーキングから出しながら，陽次は立場が逆転してしまったような気になっていた。
「それにしても，三浦さんのおっしゃっていたコンパクトカーって，私は見たことがないんですよね。どこかにあるんでしょうか？」

「あっ，そうだよね。三好の家には駐車スペースもないから，どこかに駐車場でも借りているのかな。三浦さんの話では車のドアに『三好リフォーム企画』って書いてあるようだから，見ればすぐにわかりそうなものだけどね。」
「処分しちゃったのかもしれませんしね。」
　陽次は，調査については亜沙美のほうが自分よりもずっと素質があるということを，決定的に認めざるを得なかった。なぜなら，陽次の頭の中で自動車のことなど，すっかり抜け落ちてしまっていたからであった。

第10章 勝訴判決

　しばらくして調査から戻ってきた陽次の報告を聞いて，良一郎は亜沙美の機転と行動力に感心していた。
「永岡さん，すごいねぇ。」
「いやだ，先生。そんなことありませんよ。だって私，通勤電車の中で回りのいろんな乗客を観察しながらいつも心の中でその人の背景なんかを想像しているんですよ。だからですかね，とっさに誰かになりすましちゃうのができるのは…。」
　良一郎は，〈おぉ怖い！〉と思って陽次を見ると，陽次も同じ目をして良一郎を見ていた。
「じゃあ，当事務所の専属探偵として裁判所への報告書は永岡さんに書いてもらおう。ファイルにひな型があるからそれを参考にしてね。」
「はい。頑張ります。」
　亜沙美は，重要な仕事を任せられて，嬉々としながら早速机の上のパソコンで報告書を作り始めた。一方の陽次は，すっかりお株を奪われた様子で心なしかしょぼくれて見えたので，良一郎は実地勉強のヒントを与えて元気付けようと話しかけた。
「陽次。自動車はなかったんだよね？」
「そうなんですよ。自宅には駐車スペースがなかったからどこかに駐車場を借りているのかもしれないし，もしかしたら処分したかもしれません。もっとも，自動車についても永岡さんは気付いていて，僕はすっかり忘れていたんですけれどね。」

良一郎は，陽次をなぐさめようとしたのが逆効果になったことに気付いて，しまった！　と思ったが，遅かった。
　「うん。確かに自動車執行は，まずナンバーがわからなければ陸運局で所有者を確認できないからね。三浦さんも三好が乗ってきた車のナンバーは見ていないと言っていたし，自動車そのものがどこに保管されているのかもわからないのではどうにもならないさ。それに，営業用のコンパクトカーじゃ二束三文ってところだろうよ。」
　「執行って難しいですね。法律ではいろんな選択肢があるように思えるのに。」
　「まぁ，理屈どおりにはいかないさ。」
と答えながら，良一郎は陽次とともに心が沈んでいくのを感じていた。

　亜沙美の作った報告書は，付郵便送達の上申書とともにつかさ簡易裁判所へ提出された。その後，裁判所書記官からなんの連絡もないまま第1回口頭弁論期日を予定どおり迎えることになった。
　3月8日，良一郎は，実地勉強のためにと同行してきた陽次とともに，午前10時に間に合うように午前9時45分には裁判所に着いていた。
　2階にある唯一の法廷の壁には，ボードがあってその日の事件一覧表が貼られている。今日の事件数は多いな，と思いながら良一郎と陽次が傍聴席のドアにある小さなのぞき窓のふたを開けて中を覗き込むと，すでに何人もの人が傍聴席のベンチに座って待機しているのが見えた。
　ドアを開けて中に入ると，傍聴席の人たちの目が一斉に良一郎と陽次に注がれた。単なる傍聴人は別として，傍聴席で裁判を待っている当事者であれば必ず"敵"がいるわけで，ドアが開くたびに入ってくる人に対して，自らの敵を見極めるような視線を向けるのは当然の心理かもしれない。しかし，この鋭い目で見られる瞬間は，何回か裁判に同行していて多少慣れている陽次であっても，一瞬気持ちが固まるようであった。
　良一郎は，法廷との間を隔てている腰より低い柵に接して置かれた長

テーブルの上に，何枚かの小さな紙がいつものように整然と広げられているのを見て，この中から小枝子の事件番号である「平成24年（ハ）第375号」と書かれた紙の右側にある原告欄に自分の名前を書いた。

　この小さな紙は，その日の午前中に行われる裁判の出欠票のようなものであり，出席した人は自分の事件の票に名前を書く。そして，同日の同時刻に複数の口頭弁論期日が入れられていると，原告・被告ともに出席していることをこの票で確認した裁判所書記官が，双方揃った事件から順番に進めていくのだ。

　12席ほどある傍聴席はすでに満席に近かったが，小枝子の事件は，被告欄が空欄だったから，会ったことがなくても良一郎にはこの中に三好がいないことはわかっていた。陽次は，周りの人物の様子をそれとなく窺っていたが，使い慣れたかばんからファイルを取り出す人はたいてい司法書士か弁護士であり，茶色い封筒を丸めて持った落ち着かない様子の人はたいてい被告本人の可能性が高いということはわかるようになっていた。原告は，当事者本人であっても被告よりは落ち着いているものだ。

「先生，被告は来ていないようですね。」

　陽次が小声で良一郎に話しかけると，良一郎も小さく，うん，とうなずいた。

　つかさ簡易裁判所では，午前10時が一番早い時間帯で，10分くらい前にたくさんの事件ファイルをかかえた裁判所書記官が奥のドアから入ってきてファイルの準備を整えていたが，午前10時ちょうどに裁判官が入廷してきた。

「起立。」

と言う裁判所書記官の掛け声で傍聴席にいた人たちは立ち上がり，「礼！」という言葉で裁判官に一礼し，着席する。このようなつかさ簡易裁判所のルールはまるで学校のようだったが，気持ちのいいものだな，と良一郎は思っていた。

　裁判所書記官は，すでに原告と被告の名前が書かれた出欠票を探して裁

判所書記官席に持ち帰り，用意したくさんの事件ファイルの中から順番に裁判官へ渡して，事件番号，事件名，原告と被告の名前を読み上げた。

　事件の当事者たちは，裁判所書記官に呼ばれると法廷の中に入り，裁判官の指揮に従って裁判が進んでいく。裁判官が和解の可能性があると判断した事件は，裁判官の横で待機している司法委員と呼ばれる人とともに廊下に出て行き，別室で双方から話を聞いて和解の可能性を探るのである。

　何件かの事件が終わったあと，裁判所書記官は出欠票を探しに来たが，午前10時の事件の最後に，とうとう被告欠席のままで事件番号を読み上げた。

「平成24年（ハ）第375号，リフォーム代金返還請求事件。原告三浦小枝子，被告三好敬二。原告代理人の高宮先生，お入りください。」
　良一郎は，西部劇に出てくる街外れのバーの入口のような扉，とは言っても腰の高さもないほど低くて小さいのだが，この扉を押して中に入り，裁判官から見て右側の原告席に座った。
「原告は，訴状を陳述しますか。」
「はい。」
　良一郎は，少し腰を浮かせるように中腰に立ち上がって答えた。
「被告は，欠席のようですね。答弁書も出ていません。」
　裁判官は，檀上からまるで裁判所書記官にそのことを確認しているかのように言ったあと，結審を宣言した。
「それでは，これで弁論を終結します。判決言い渡しは，4月3日午後1時10分。」
　良一郎は，書類をまとめて立ち上がって一礼し，入ってきたときと同じ小さな扉を押して傍聴席へと退廷した。陽次も立ち上がって静かにドアを開け，二人で廊下に出てからそっとドアを閉めた。
　あとは判決の確定を待つだけとなったことで肩の荷を降ろした気持ちにはなっていたが，良一郎は，廊下を歩きながら「いつもながら，なんとも

あっけないことだよなぁ」と陽次に話しかけた。

　良一郎と陽次が事務所へ戻ると，亜沙美が一人で待ちかねた様子で待っていた。
「先生，どうでしたか？」
「被告欠席のまま，結審したよ。」
　良一郎より先に陽次が答えた。
「ということは，勝ったということですか？」
「まぁ，そういうことになるね。でも，控訴してくるかもしれないからね。」
　良一郎は，控訴された場合のことを考えるといつものように気持ちが重くなったが，とりあえず心配しているであろう小枝子に電話で報告をした。

　……被告欠席のまま弁論が終結されたのであれば，原告代理人としてはただ判決が送られてくるのを待つだけだったから，判決言い渡しについては，良一郎も陽次もすっかり頭から抜けていたが，亜沙美だけは違った。
「先生，三浦さんの判決は４月３日でしたよね。今日はもう５日ですよ。」
「そうだったね。今日あたり判決が届くんじゃないかな。」
　亜沙美は待ちきれないというような様子で，郵便配達員が来るのを楽しみにしていたようだった。
　良一郎の言葉どおり，その日の夕方亜沙美が帰る支度を始めたころに郵便配達員が，特別送達です，と言って判決を届けに来た。陽次が受け取って良一郎に渡すと，良一郎は早速開封して判決を取り出した。
「まぁ，当然だろうけれどこちらの全面勝訴判決だね。」
「わぁ，見せてください。」
　亜沙美は，良一郎から渡された判決を丁寧に読み始めたところで，気がついた。
「あれ？　先生，これ，まるで訴状のコピーみたいですね。」
「うん，そうだね。でも，ありがたいんだよ，こっちの主張を全部認めて

もらったということなんだから。」
「ふぅん，そういう意味になるんですかぁ。おもしろいなぁ…。」
　亜沙美は，また新しい世界を知ったような気がして感心しながらさらに尋ねた。
「それで，これからどうなるんですか？」
　今度は，自分の机で仕事をしていた陽次が顔を上げて答えた。
「原告と被告にいつ判決が送達されるか，が大事なんだよね。控訴期間があるからさ。先生，とりあえず２週間以上待ってから，ぼくが忘れずに裁判所に確認してみますよ。」
　良一郎は，うなずきながら受話器を取って小枝子に電話をかけ，こちらの主張どおりの勝訴判決が届いたことを報告した。そして，２週間の控訴期間が過ぎてから裁判所に確認してみます，と陽次が亜沙美にしたのと同じ説明をしたのであった。

　この年の春の訪れは例年よりも少し遅かったようだが，寒暖の差が大きいようなことをテレビの気象情報などでも言っていた。４月に入ってからは時折，外の空気が急に暖かくなってきたような気がするのも毎年のことだったが，良一郎は，このふんわりとした風に誘われるように手帳を見ながらゴールデンウィークの日程を組もうとして，今年は３日間も休日にしないと１０連休にならないことに気がついた。
「陽次も永岡さんも，ちょっと聞いて。今年のゴールデンウィークは，暦どおりでいいかなぁ？」
「今年は，３日間の休暇を取らないと繋がらないんですよね。三浦さんの事件もあるし，今年は繋げなくてもいいんじゃないですか？」
　陽次にとっては，７月の試験前で集中する時期ではあったが，小枝子の事件はなかなか経験できない実地での勉強だったからむしろ有難かったのである。
「私も特に予定があるわけでもありませんから，暦どおりでいいと思いま

す。」
　亜沙美も興味を持てる仕事に初めて向かい合っていることに楽しさを感じているようだった。
「休みたいときは，いつでも言ってくれればいいからね。」
　良一郎は，二人の反応が嬉しかった。

　ゴールデンウィーク直前の４月下旬に，陽次は裁判所へ電話をかけて小枝子の判決確定について確認することを忘れなかった。電話で対応した裁判所書記官は，陽次が伝えた事件番号でファイルを確認したあと，判決の送達は４月８日だから判決の確定は４月23日であると陽次に告げた。三好は，控訴しなかったのである。
　陽次から判決確定を知らされた良一郎は，早速確定証明書を取る書類を作って裁判所へ送ることにした。
「永岡さん，三浦さんの判決の確定証明書を取りたいんだ。陽次に聞いて作ってくれる？」
「わかりました。先生，判決確定証明書ってなんですか？」
　陽次が横から亜沙美に説明を始めた。
「判決が出ても不服のある者は控訴できるのは知っているよね？」
　はい，と亜沙美がうなずいた。
「三好に判決が送達されてから２週間以内に控訴してくれば今回の判決は確定しないんだよね。原告と被告の両方に４月８日に判決送達となったと書記官が言っていたから，送達された日の翌日から数えて２週間を経過すると？」
「９，10，11，…22日でちょうど２週間だから23日にはもう控訴できないっていうことですか？」
　亜沙美は指を折り数えながら答えた。
「そういうこと。だから23日に判決が確定したというわけだ。」
「なるほど。それで，その判決確定証明書を取るというわけですね，セン

パイ。じゃ，お願いします。」

　良一郎は，なかなかうまい説明をしていた陽次と，理解の早い亜沙美の会話を心地よく聞きながら，これで裁判は終わったなと，ふぅ〜っと深いため息をついた。この先，どのような道があるのかという一抹の不安は頭の片隅にあったものの，良一郎はとにかくひと段落ついたことで気持ちが楽になったのであった。

第11章 預金差押

　ゴールデンウィークもあっという間に終わって5月も下旬となり，初夏の日差しが強くて少し汗ばむような季節になっていた。良一郎は，小枝子の勝訴判決が確定したのち，100万円と損害金の振込先を良一郎の預かり金口座とする通知を三好へ送っていたが，もう1カ月近くが経つのに振込も音沙汰もなかった。このまま待っていても仕方がないと思ったので，良一郎はふたたび小枝子に事務所に来てもらってこれからの対策を話し合うことにした。

　6月に入ったばかりの約束の日，小枝子はいつものとおり予定の時刻に事務所のドアホンを押した。亜沙美も，いつものとおり小枝子を応接室へと招き入れると，小枝子が声をかけてきた。

「三好の自宅とか，いろいろ調べてくださったのはあなたですか？」

「あ，はい。事務所のセンパイといっしょにご近所の方にもお話を伺ったりして。ちょっとした探偵小説のようでしたけどね。」

「そうですか。どうもありがとうございました。私なんか車のナンバーも見ていないし，なんにもお役に立たなくて…。」

「そんな，調査は私たちの仕事ですから。それに，けっこう楽しかったし…。あ，すみません，楽しかったなんて不謹慎ですよね。」

　亜沙美は，つい面白がっていた本心が口に出てしまったことを悔やんだ。

「いいえ，いいんですよ。でも，ちょっと面白そうですね。」

「今度，ご一緒にいかがです？　男性ひとりで調査するよりも，女性同士とか男女のペアだと怪しまれないみたいなんですよね，うふふ。」

「あら，じゃあ私も次はご一緒させていただこうかしら，ふふふ。」
　そこに良一郎が入ってきたので，亜沙美は小枝子にペコリと頭を下げて部屋を出て行った。

「なんだか楽しそうですね。」
「今度，一緒に探偵をしようっていう話をしていたんですよ。」
「彼女は素質がありますからね。ところで，三浦さん。勝訴判決が確定してから，100万円と損害金を私の預かり金口座に振り込んでくるよう書面を送ったのですが，三好からはなんの連絡もないし，もちろん振込もないんですよ。そこで，今日は今後のことを考えるためにお越しいただいたというわけです。」
　良一郎は，判決を取られてもなお無反応の三好に対して，だんだんと腹が立ってきていたのか，いつの間にか小枝子と同じように"三好"と呼び捨てになっていた。
「やはり三好はダンマリですか…。まぁ，そうですよね，支払うつもりがあるのなら裁判にだって出てきますものね。高宮先生，やはり強制執行をやるしかないのでしょうか。」
　ため息まじりに小枝子が尋ねた。
「残念ながら，そのようですね。」
　良一郎も落胆する気持ちは同じだったが，ここで立ち止まってはいられない。
「そこで，なにを差し押えるかですが，できれば1回の差押えでなんとか100万円を回収したいんですよね。なかなか難しいんですけれど…。」
　小枝子は，いつものメモ帳を取り出してページをめくりながらさらに良一郎に尋ねた。
「先生は，この前，預金を差し押さえる債権執行が一番手っ取り早いっておっしゃっていましたよね？」
「そうですね。三浦さんが振り込んだ日の出銀行つかさ支店の口座には，

もしかしたらほかの人からの振込があるかもしれませんし，三好自身が仕事で使っているかもしれないから，お金の出入りが多い可能性はあると思うんですよね。」

「あら，ほかのだまされた人のお金を差し押さえるなんて，なんだかお気の毒のような気もしますけれどね。」

「だまされた人からの入金ばかりとは限りませんよ，三浦さん。それに，もしほかに債権者がいるとすれば，それはもうお互いライバルのようなものなんです。差押えは，いわば奪い合いだし，早いもの勝ちですからね。それより，そもそも空振りになるかもしれませんしね。」

「空振りって？」

「たとえば，口座があってもお金が入っていないとか，口座を解約しちゃったあとだったとかいうこともあり得るわけですよ。三好の自宅に登記されている政府系の金融機関は，取扱店が日の出銀行のつかさ支店ですから，口座があるのは間違いないと思いますが，日の出銀行からの借入れがあれば相殺されてしまうリスクもあります。要するに運を天に任せるとでも言いますか…。」

「逃げられたら逃げられたで，しゃくですよね。でも，ほかに三好の預金口座なんてわからないし…。」

「完全なあてずっぽうにはなりますが，預金関係で考えられるのは三好の店にかかっていたカレンダーのみかげ信金とか，あとはゆうちょ銀行くらいですかねぇ。」

「ゆうちょ銀行？」

「そうです。ゆうちょ銀行の利点は，広域で差し押えることができることなんです。銀行の口座は支店を特定して差し押える必要があるので，同じ銀行のほかの支店に口座があってもだめなんですよ。でも，ゆうちょ銀行は1つの管理センターがいくつかの都道府県を管理しているから，広域で差し押えることができるわけです。問題は，三好がゆうちょ銀行に口座を持っているかどうかがわかっていないことです。そうなると，三好

の口座があるはずの日の出銀行つかさ支店を差し押えるほうが多少なりとも確実ということになりますがねぇ。なかなか難しい選択です…。」

　ここまで説明してから，良一郎はファイルの書類を確認するように下を向いて，じっと考える小枝子のじゃまにならないようにしていた。やがて小枝子は覚悟を決めたように顔を上げてきっぱりと言った。

「…じゃあ，先生。やっぱり日の出銀行でお願いします。」
「わかりました。では，改めて裁判書類の作成について契約書に署名押印をいただきたいので，今，契約書を用意しますね。」

　いつものように，良一郎は裁判事務受託契約書を作るようにと陽次に指示をした。

第12章 空 振 り

　良一郎は，すぐに日の出銀行つかさ支店の三好名義の預金口座を差し押える債権差押命令申立書の作成に着手した。司法書士の業務のうち，裁判所に提出する書類の作成はそれほど数の多い仕事ではないかもしれないが，判決がからむ不動産登記もあるので，裁判や執行に関する知識は不可欠である。また，執行申立てに関する仕事と不動産登記の仕事は，どちらも細かい点に注意して書類を作成する必要があるという共通点がある。良一郎にとっても，預金債権の差押申立てについて，それほどの経験値があるわけではなかったが，通常こなしている不動産や会社の登記のときと同じように少し調べて難なく書類を作成することができた。

　梅雨入り宣言が出された6月の下旬，良一郎は，小枝子に電話を入れて事務所に来てもらうことにした。小枝子は，亜沙美という仲間ができたような気持ちになったようで，自宅から歩いて5分ほどのきさらぎ法務事務所に気軽に訪ねてくるようになっていた。

　この日も，小枝子は，予定時刻より少し早く事務所を訪れて，迎え入れた亜沙美と楽しそうに雑談をしていた。

「今度，預金を差し押えるんですよね？」

　亜沙美は，良一郎から頼まれて小枝子の債権差押命令申立書の添付書類などをコピーしたりしていたので，それとなく事情はわかっていたのである。

「そうなんですよ。これがだめだったら，次はどうしましょうかねぇ。」

「大丈夫ですよ。きっとなにかいい方法が見つかりますから。あきらめないでくださいね。」

「じゃ，日の出銀行がだめだったら一緒に探偵していただけます？」
　小枝子は，すっかり亜沙美を信用しているようだった。
「わかりました。三浦さん，一緒に頑張りましょう。」
　良一郎は，応接室の扉の影に隠れるようにして二人の会話を聞きながら，亜沙美の言葉を有難いと思っていた。興味本位からかもしれないが，亜沙美のまっすぐな正義感と強い好奇心は小枝子に力を与えてくれる。執行はあきらめずに追うことが成功への道につながる第一歩なのだから。

　小枝子が帰ったあと，良一郎は亜沙美にコピーを頼んだ。
「永岡さん，この書類のコピーをとって。コピーはファイルにね。それから…」
「首都地方裁判所に送るんですよね？」
「えっ！　永岡さんは管轄までわかるようになったの？」
「だって先生，申立書の宛名にあるじゃないですか。」
「なんだ，そうか。ビックリしたよ。一本取られたなぁ。」
　亜沙美は，執行裁判所の管轄まで調べるところまでの興味を持ったわけではなかったが，仕事の流れがだんだんとわかってきていたので，良一郎は機嫌がよかった。
　覚えが早いうえにこの仕事に興味を持ってくれる事務所員を見つけるのは，茶わん蒸しの中から1発で銀杏を取り出すよりも難しい。実際，良一郎には何人か失敗した経験があった。知人を介して亜沙美を紹介されたとき，面接に良一郎が不在だったのも，実は失望したくなかったからであったが，幸運にも亜沙美は本当に大当たりの補助者で，今や事務所の大事な戦力になっていた。
　亜沙美は，良一郎から渡された書類がさかさまに綴じていないかと確認していたが，わからない言葉を発見して，良一郎に尋ねた。
「先生。この『第三債務者』ってどういう意味なんですか？」
「あぁ，それ？　そうだねぇ，第三債務者という言葉はわかりにくいだろ

うな。三浦さんは債権者だっていうのはわかるよね？」
「はい。」
「では，三浦さんは誰に対して債権を持っているのかな？」
「三好さんです。」
「そうだね。その三好が日の出銀行つかさ支店に口座を持っていて預金しているど，その預金を払い出すことのできる三好は，日の出銀行の債権者となる。ということは，三好にとっては日の出銀行が債務者だよね。三浦さんという債権者にとっては，三好にとっての債務者である日の出銀行が，"第三債務者"ということになるんだ。」
「う～ん，なんとなくわかりました。」

良一郎は，亜沙美の質問に答えることが苦ではなかった。自分では理解していることを，わかりやすく他人に説明するのは難しいものだ。シンプルな事案をもとに専門的なことをイメージとして相手に理解してもらえるようにするのは，相談を受けるときの基本テクニックでもある。

すると，今度は陽次が横から亜沙美に問題を出した。
「じゃあ，永岡さんに問題です。たとえば，ある女性が，サラリーマンの夫と離婚して子供を引き取ったとします。離婚の際に，夫が子供の養育費を支払うという約束をしましたが，夫は支払ってくれません。困った元妻が，元夫の給料を差し押えたとすると，第三債務者はだあれ？」

少しの間，亜沙美は考えていた。
「…あ，そうか。その場合は，元夫の会社が第三債務者になるということですね，センパイ。」
「そういうこと。さすが永岡さんは理解が早いね。」

司法書士試験を控えた陽次も，亜沙美の素朴な質問が試験勉強に大いに役立つから，と喜んで話に加わっていた。試験勉強をやっていると，自分では漠然と理解しているつもりであっても実はきちんとポイントを押さえずにそのまま素通りしていることがあるものだ。亜沙美の質問に答えようとすると詳細に調べたうえでわかるように説明できるようにしなければな

らない。ときどき繰り出す亜沙美の質問は，的を射ていることが多いから，これに答えようとするようとすると，陽次も中途半端な理解のままにしておくことができなかった。そして，このことが着実に力となっていることを，陽次は実感していたのだった。
「じゃ，先生。三浦さんの書類を裁判所へ提出するとどうなるんですか？」
「裁判所は，第三債務者に差押命令を送るんだ。それと同時に，第三債務者へ陳述催告を申し立てているから，日の出銀行は，預金がいくらあるとか，口座そのものがないとかいう事情を，裁判所へ陳述してくれるんだよ。」
「それによって，三浦さんの100万円が回収できるかどうかがわかるというわけですか。要するに合格発表みたいなものですね。」
「そう。まさに，合格発表だよ。」
 こうして小枝子から署名と押印をもらった債権差押命令申立書と添付書類一式は，すぐに三好の住所地を管轄する首都地方裁判所へ送られた。
 すると，数日後，裁判所書記官から電話があった。
「債権者が三浦小枝子さん，債務者が三好敬二さん，第三債務者が日の出銀行の債権差押えの件なんですが，各目録の写しが1部しかありませんでしたので，至急追加で4部ずつ提出してください。事件番号は，平成25年（ル）第212号です。」
「はい，わかりました。すみません。追ってお送りしますので，お手数ですが，よろしくお願いいたします。」
 良一郎は，執行申立書類の作成が登記申請と同様のち密さが求められることから細心の注意をしたつもりだったが，まだまだだな，と苦笑いしながら，目録のコピーを亜沙美に頼んだ。

 梅雨が明けて厳しい暑さの日が続くようになった7月下旬になって，日の出銀行つかさ支店を第三債務者とする預金債権の差押えが，空振りに終わったことがわかった。三浦小枝子から送られてきた日の出銀行の陳述書には，8万4500円の普通預金はあったものの，カードローンの反対債権

があるため相殺する，という陳述があったのである。良一郎は，覚悟はしていたもののいざ不合格の通知が来ると，やはり落胆する気持ちを抑えられなかった。
「先生，だめだったんですか？」
陽次が良一郎の様子から察して尋ねた。
「うん。三好の預金が８万4500円で，これを銀行がカードローンの債権で相殺するってさ。三好はカードローンにも手を出していたんだよ。ま，仕方がないんだろうけどねぇ。」
「え〜っ，そんなぁ！　三好さんって本当にお金に困っているっていうことなんですね。」
小枝子の気持ちを考えると，亜沙美もそれを聞いてがっくりした。
「さてと。これからどうするかねぇ…。とりあえず三浦さんには説明しておくか。」
良一郎は，すぐに小枝子に電話をして，封も開けずに届けてくれた陳述書の内容について空振りであったことの説明をした。すると，小枝子は，思いのほか落胆するでもなく，ゆうちょ銀行に差押えをかけてみたらどうでしょうか？と聞いてきたので，良一郎は，差押えが小枝子にとっての三好に対するせめてものリベンジになっているような気がした。
「あまり何度も空振りになると余計な費用がかかるだけですから，もう一度検討しましょうよ。」
良一郎は，そう説得してから早々に電話を切った。

みかげ信金は，ただ単にカレンダーが店の壁にかかっていただけだったから，差押えをかけても空振りになるリスクがあまりに大きい。口座の有無がわからないのはゆうちょ銀行も同じだから，広域で差し押えることができるゆうちょ銀行の方が少しはましかもしれないと良一郎も思った。しかし，小枝子の気持ちは理解できるが，当てずっぽうで預金を差し押えるのは，費用倒れになる可能性が高いのだ。良一郎は少しでも多くのお金を小

枝子に渡してあげたかったから，前のめりになって次の預金を差し押えるのは得策ではないと思った。裁判にすら出てこなかった三好に対して財産開示手続を申し立てても無駄にしか思えないし，振り出しに戻って別の財産をもう一度検討するか，と良一郎は白い雲の浮かぶ青い空を見上げて考えていた。

コラム2　財産開示手続及びその改正について

1　財産開示手続とは，一言でいえば，確定判決等を得た債権者が，知れている債務者の財産に対する強制執行を実施しても債権の完全な弁済を得られないことの疎明などをした場合，裁判所が当該債権者の申立てにより，財産開示期日において債務者にその財産を開示させる手続です（法196条～203条）。平成15年の法改正により新設されました。

2　もっとも，債務者等の開示義務者は，期日に出頭しないで財産を開示しなかった場合でも「30万円以下の過料」に処せられる（法206条1項）のみなので，不出頭等により財産の全部又は一部を開示しなかった事件が制度導入当初の平成16年は24.9％であったのに対し，平成26年には43.1％と4割を超えるようになり，財産開示手続の実効性に疑問が呈されていました。

3　そこで，令和元年5月10日に成立した改正法では，財産開示手続の実効性を向上させるため，開示義務者の不出頭，宣誓拒絶，陳述拒絶，虚偽陳述に対する罰則が「6月以下の懲役又は50万円以下の罰金」に強化されました（改正法213条1項5号，6号）。

4　また，財産開示手続を申し立てられる債務名義についても，制度導入当初は，一部の悪質な貸金業者による濫用の懸念などの理由から一定の制限が加えられていました（法197条1項かっこ書）。しかし，平成18年の貸金業法の改正や離婚した夫婦間の養育費の支払を確実にするために執行証書の活用が推奨されるなどの社会状況の変化が見られること，強制執行と財産開示手続とで申立てに必要とされる債務名義の種類に差を設ける理由がないことなどから，強制執行の申立てに必要とされる債務名義であれば，いずれの種類の債務名義についても，財産開示手続の申立てをすることができるようになりました（改正法197条1項柱書）。

5　なお，改正法施行前の開示義務者の不出頭等による罰則は，従前のとおりです（改正法附則7条）。

関連解説(5)　債権執行の概要

ストーリーの中では,「三好敬二」の銀行預金等について,債権執行が検討されていましたので,ここでは,債権執行について,もう少し詳しくみていくことにしましょう。

1．債権執行の分類

債権執行には,債務者に対して金銭の支払いを認めた確定判決等の「債務名義」を得て,それに基づいて裁判所に申し立てる「債権に対する強制執行」（法143条～167条）と,雇用関係の先取特権（民法306条2号）や抵当権の物上代位（民法372条による304条の準用）等に基づく「債権を目的とする担保権の実行」（法193条等）があります。

事件数は,前者のほうが圧倒的に後者を上回っています。実際,平成29年度の両者の既済事件数を比較してみますと,「債権及びその他の財産権に対する強制執行」は117,052件であるのに対し,「債権及びその他の財産権を目的とする担保権の実行及び行使」は1,542件と,実に75倍以上の開きがあるのです（司法統計より）。

また,後述するように,「債権に対する強制執行」は,手続が比較的簡便で,かつ,費用負担も比較的少ないことから,強制執行の方法として,最も多く利用されています。平成29年度の司法統計においても,強制執行の既済事件総数121,793件のうち96％が「債権及びその他の財産権に対する強制執行」なのです。

2．債権執行の対象

債権執行の対象となる債権は,大きく①「金銭の支払を目的とする債権」（法143条～161条等）と②「その他の財産権」（法167条）の2つに分けることが

できます。

　①の「金銭の支払を目的とする債権」は，預金債権や貸金債権，売買代金債権，損害賠償債権，請負代金債権等はもちろんのこと，「いわゆる将来請求権も，発生の基礎となる法律関係が既に存在し，近い将来の発生が相当の蓋然性をもって見込まれるため財産価値を有するものであれば，その請求権の特定識別が可能な範囲で，執行対象となる」と解されています（中野・下村『民事執行法』669頁）。

　ですから，給与債権や賃料債権，取締役等の役員報酬債権，議員報酬債権，弁護士等の顧問料債権，保険医の診療報酬債権（最高裁平成17年12月6日第三小法廷決定：民集59巻10号2629頁・裁判所Web等）などの継続的給付債権（法151条）のほか，敷金返還請求権や保険の解約返戻金請求権（最高裁平成11年9月9日第一小法廷判決：民集53巻7号1173頁・裁判所Web等）などの期限付・条件付債権についても債権執行の対象となるのです（『民事執行の実務・債権執行編（上）』3頁・139頁以下参照）。

　②の「その他の財産権」として実務上取り扱われているのは，特許権等の知的財産権や合同会社等の持分会社の社員の持分権（会社法609条1項，611条7項，621条3項），預託金会員制等のゴルフ会員権などです（『民事執行の実務・債権執行編（上）』4頁参照）。

3．債権執行の手続の流れ

　次に，債権執行の手続の流れをざっとみていきましょう。ストーリーでは，「三浦小枝子」が「三好敬二」に対して債務名義を得ましたので，ここでは預金債権を中心に「金銭の支払を目的とする債権に対する強制執行」の手続をみていくことにしましょう。

(1) 強制執行の申立て及び第三債務者への陳述催告の申立て

　まず，「債権に対する強制執行」をするためには，債権差押命令申立書を作

成したうえで（規則1条），必要書類を添付して，原則として，債務者の普通裁判籍（住所等）の所在地を管轄する地方裁判所に申し立てます（法144条1項，民訴法4条）。

なお，その際，第三債務者への陳述催告の申立てを同時にすることが通常です。この第三債務者への陳述催告とは，債権が不動産や登録自動車のように公示されておらず目に見えないものであることから，第三債務者に債権の存否や内容等について回答してもらう必要があるために設けられた制度ですが，この陳述催告は，裁判所が差押命令を送達する際に行わなければならないため，債権差押命令の申立てと同時に申し立てる必要があるのです（法147条1項）。

ストーリーでいえば，「三好敬二」の住所の所在地を管轄する「首都地方裁判所」に債権差押命令及び第三債務者への陳述催告を申し立てることになります。なお，債権差押命令申立書等の記載事項及び添付書類については，後述します。

(2) 差押禁止債権

債権執行においては，社会政策的配慮により債務者やその家族の最低限の生活保障を図るため，ⅰ）民事執行法，ⅱ）特別法，ⅲ）権利の性質により差押えを禁止されている債権があります（『新基本法コンメンタール民事執行法』370頁以下，『民事執行の実務・債権執行編（上）』182頁参照）。

まず，ⅰ）民事執行法上，

① 生命保険会社や信託銀行等の国及び地方公共団体以外の者から生計を維持するために支給を受ける私的年金等の継続的給付に係る債権
② 給料，賃金，俸給，退職年金及び賞与等に係る債権
③ 退職手当等に係る債権

については，原則として給付の4分の3に相当する部分を差し押えることが禁止されています（法152条1項，2項）。なお，差押債権者の債権が養育費などの法151条の2第1項各号の扶養義務等に係る金銭債権の場合には，差し押えることが禁止されているのは，原則として給付の2分の1に相当する部分です（法152条3項）。

次に，ⅱ）特別法により差押えが禁止される債権は非常に多岐にわたります。代表的なものとしては，

 ① 国民年金や厚生年金，小規模企業共済金等の社会保険としての公的年金（国民年金法24条，厚生年金保険法41条1項，小規模企業共済法15条等）

 ② 健康保険や雇用保険，介護保険等の社会保険（健康保険法61条，国民健康保険法67条，雇用保険法11条，介護保険法25条等）

 ③ 生活保護や児童扶養手当，児童手当等の公的扶助・援助に関する給付（生活保護法58条，児童扶養手当法24条，児童手当法15条等）

 ④ 労働者の休業補償や労災保険，自賠責保険等の災害補償・損害賠償等の請求権（労働基準法83条2項，労働者災害補償保険法12条の5第2項，自動車損害賠償保障法18条及び74条等）

などです（『民事執行の実務・債権執行編（上）』187頁以下，園部『民事執行の実務（下）』317頁以下参照）。

最後に，ⅲ）権利の性質により差押えが禁止される債権としては，

 ① 財産分与請求権（民法768条）や遺留分減殺請求権（民法1031条）等の債務者の一身に専属する債権

 ② 公租公課等の徴収権等の国または公共団体が公権として有する債権

 ③ 受任者の委任事務処理費用の前払請求権（民法649条）等の個人的色彩が極めて強い債権

などです（『民事執行の実務・債権執行編（上）』185頁，園部『民事執行の実務（下）』323頁参照）。

(3) 差押命令の発令及び送達等

 裁判所が債権差押命令申立書等をチェックしたうえで，書類や法律上の問題がないと判断した場合には，裁判所は，債務者に対し債権の取立てその他の処分を禁止し，かつ，第三債務者に対し債務者への弁済を禁止する旨の差押命令を発令します（法145条1項）。

 この差押命令は，債務者及び第三債務者に送達されます（法145条3項）。た

だし、差押命令の効力発生時は第三債務者への送達時ですので（法145条4項）、差押命令正本が第三債務者に送達される前に債務者に送達されてしまうと、債務者が被差押債権を処分（預金を引き出すなど）するおそれがあるため、実務上は、第三債務者へ差押命令正本が送達された後、債務者に送達する取扱いとなっています（園部『民事執行の実務（下）』295頁、平野『実践民事執行法民事保全法』248頁参照）。なお、差押命令正本の第三債務者への送達日を指定したい場合には、指定日の1週間から10日程度前にその旨の上申書を添付して債権差押命令を申し立てることにより、配達日指定郵便で第三債務者へ送達する取扱いをしている裁判所もあります。

また、申立債権者（差押命令発令後は「差押債権者」といいます）には、差押命令正本を普通郵便等で送るなど、適宜の方法にて告知される（規則2条1項第2号、園部『民事執行の実務（下）』295頁参照）ほか、差押命令が債務者（第三債務者ではありません）に送達されてから1週間が経過すると、差押債権者は、第三債務者から差押えに係る債権を直接取り立てることができる（法155条1項）ため、差押命令正本が債務者及び第三債務者に送達された旨及び送達年月日を記載した送達通知書も送られてきます（規則134条、園部『民事執行の実務（下）』297頁）。

さらに、東京地裁民事21部では、第三債務者への陳述催告をする際、第三債務者に対し、陳述書を2通作成したうえで、1通を書留郵便で裁判所に、もう1通を普通郵便で差押債権者に送付するよう求めていることから、差押債権者には、第三債務者から陳述書が直接送付されることになります（『民事執行の実務・債権執行編（上）』272頁参照）。

ストーリーでいえば、「三浦小枝子」からの申立てを受けた「首都地方裁判所」は、まず、差押命令正本を「日の出銀行つかさ支店」に送達した後、「三好敬二」にも送達し、その後、「三浦小枝子」に差押命令正本及び送達通知書を普通郵便等で送付するのです。また、「三浦小枝子」には、「日の出銀行つかさ支店」から陳述書が普通郵便で送付されてくることになります。

(4) 第三債務者の陳述

裁判所から陳述催告を受けた第三債務者は，

① 差押えに係る債権の存否，その債権が存在するときはその種類及び額
② 弁済の意思の有無，弁済する範囲または弁済しない理由
③ 差押債権者に優先する権利を有する者があるときは，その者の氏名及び住所，その権利の種類，優先する範囲
④ 他の債権者の差押え・仮差押えの執行の有無，これらの執行がされているときは当該差押命令等の事件の表示，債権者の氏名及び住所，送達年月日，執行がされた範囲
⑤ 滞納処分による差押えの有無，差押えがされているときは差押えをした徴収職員等の属する庁等の名称及び所在，債権差押通知書の送達年月日，差押えがされた範囲

などについて，差押命令正本の送達の日から2週間以内に裁判所に陳述書を提出しなければなりません（法147条1項，規則135条1項各号）。

ところで，第三債務者は，他の差押え等と競合したときや配当要求があった旨を記載した文書の送達を受けたときは，被差押債権を債務の履行地の供託所（法務局）に供託する義務を負いますので（法156条2項），第三債務者が被差押債権を供託した場合には，差押債権者は第三債務者から直接取り立てることができなくなります。また，第三債務者は，差押時に債務者に対して主張できるすべての抗弁を差押債権者に対抗できる（園部『民事執行の実務（下）』300頁，『民事執行の実務・債権執行編（下）』8頁参照）うえ，債務者に対して有する債権が「差押後に取得されたものでないかぎり，自働債権および受働債権の弁済期の前後を問わず，相殺適状に達しさえすれば，差押後においても，これを自働債権として相殺をなしうる」（最高裁昭和45年6月24日大法廷判決：民集24巻6号587頁，なお平成29年改正民法511条2項参照）ことになります。例えば，被差押債権が預金債権の場合，債務者が預金口座のある金融機関に対してカードローン等の借入金債務があると，取引約款等により預金債権と借入金債務が相殺されてしまうため，カードローンの額が預金の額を超える場合には，被差押

債権がない，いわゆる「空振り」になってしまうわけです。

　差押債権者は，この第三債務者の陳述書を見れば，差押えの競合や「空振り」を知ることができるため，実務上，この第三債務者の陳述書は，いわば「差押命令の合否判定」とでもいうべき極めて重要な意味を有しているのです。

(5) 取立権の行使

　上記(4)のとおり，第三債務者が他の差押え等と競合したときなどにより供託しなければならなかった場合（法156条2項）やいわゆる「空振り」の場合，あるいは，第三債務者が自ら供託した場合（同条1項）などを除き，差押命令が債務者に送達された日から1週間を経過すると，差押債権者は被差押債権を第三債務者から直接取り立てることができます（法155条1項）。もちろん，差押命令が効力を生じていることが前提ですが，前記(3)にてすでに述べたとおり，実務上は，第三債務者へ差押命令正本が送達された後，債務者に送達する取扱いとなっているため，債務者に送達された日から1週間を経過すれば問題なく取立てが可能となります。

　なお，令和元年5月10日に成立した改正法（未施行）では，被差押債権が①私的年金等の債権（法152条1項1号），②給料及び賞与等に係る債権（法152条1項2号），③退職手当等に係る債権（法152条2項→改正法152条3項）の場合には，送達日から「1週間」ではなく，「4週間」を経過しなければ取り立てることができないとされました（改正法155条2項）。ただし，差押債権者の債権に養育費などの法151条の2第1項各号の扶養義務等に係る金銭債権が含まれているときは「1週間」のままです（改正法155条2項かっこ書）。

　取立てに関する法律上の規定は特にないため，取立てをするに際しては，第三債務者に対し，差押命令正本及び送達通知書を提示するなどして，自らが差押債権者であること及び取立権が発生していることを証明する必要があります（『民事執行の実務・債権執行編（下）』4頁参照）。この点，預金債権については，金融機関から債権差押命令正本や送達通知書のほか，差押債権者の印鑑証明書などの書類を求められることが一般的です。

なお,「差押債権者の債権及び執行費用の額を超えて支払を受けることができない」(法155条1項ただし書)ため,振込手数料は差押債権者が負担することになります。

(6) 取立訴訟

第三債務者が,差押債権者の取立てに任意に応じない場合には,差押債権者は,第三債務者に対し,直接自己に支払うよう求める「取立訴訟」を提起することができます(法157条1項)。なお,この取立訴訟は,あくまで「裁判上の取立ての一手段であり,支払督促及び調停申立ての手段によることも許される」(『民事執行の実務・債権執行編(下)』4頁)ため,「認定司法書士」は,訴訟の目的の価額が140万円以内の「簡易裁判所における取立訴訟について代理することができる」(『注釈司法書士法』66頁)と解されています。

ストーリーでいえば,仮に「三好敬二」の預金債権の差押えが功を奏したにもかかわらず,「日の出銀行つかさ支店」が支払いに応じない場合(通常はそのようなことはないでしょうが…)には,「司法書士高宮良一郎」は「三浦小枝子」から委任を受ければ,「日の出銀行つかさ支店」に対し,訴訟代理人として同行の普通裁判籍である「つかさ簡易裁判所」(裁判所法33条1項1号,民訴法4条4項)に取立訴訟を提起することができるわけです。

(7) 取立届の提出

差押債権者は,第三債務者から支払いを受けたときは,請求債権及び執行費用について,支払いを受けた額の限度で弁済されたものとみなされるため(法155条2項),支払を受けたときは,直ちに,①事件の表示,②債務者及び第三債務者の氏名または名称,③第三債務者から支払いを受けた額及び年月日を記載した書面(これを「取立届」といいます)を裁判所に届け出る必要があります(法155条3項,規則137条)。なお,第三債務者から振込みにより支払いを受けたときは,振込手数料は差押債権者の負担となるため,取立届に記載すべき「③第三債務者から支払いを受けた額」は,振込手数料を加えた額となります

（園部『民事執行の実務（下）』360頁参照）。

賃料債権や給与債権等の継続的給付債権（法151条）の場合には，原則として，支払いを受けるごとに取立届を裁判所に提出する必要があります。そして，第三債務者より請求債権全額の支払いを受けた場合には，「取立完了届」を裁判所に提出し，これにより事件は終結となります（『民事執行の実務・債権執行編（下）』5頁参照）。

(8) 債務名義の還付

「空振り」や請求債権額の一部しか支払いを受けることができなかった場合には，差押債権者は，債権差押命令を取り下げることになりますが，その際，差押債権者は，裁判所書記官に対して執行力のある債務名義の正本の還付を求めることができます（規則145条による62条2項の準用）。

ストーリーで言いますと，「日の出銀行つかさ支店」からの陳述書の記載により，「三好敬二」の預金債権に対する差押えが「空振り」に終わった場合には，「三浦小枝子」は，「首都地方裁判所」に対して債権差押命令の取下書を提出するとともに，裁判所書記官に対して債務名義等還付申請書を提出し，執行文付の判決正本及び送達証明書の還付を受けることになります。

(9) 転付命令

債権執行においては，差押債権者が第三債務者から直接取り立てる「取立権の行使」のほか，差押債権者の申立てにより，裁判所が請求債権の支払いに代えて被差押債権を券面額で差押債権者に移転すべきことを命じる「転付命令」（法159条1項）によっても請求債権の回収を図ることができます。この転付命令が確定すると，差押債権者の請求債権及び執行費用は，転付命令に係る金銭債権が存在する限り，その券面額で，転付命令が第三債務者に送達された時に弁済されたものとみなされます（法160条）。簡単に言えば，債務者が請求債権等の支払いに代えて被差押債権を代物弁済するようなものと考えればよいでしょう。

転付命令の要件は，
① 差押えが有効であること
② 転付される債権（これを「被転付債権」といいます）が譲渡できるものであること
③ 被転付債権が「券面額」を有するものであること（法159条1項）
④ 被転付債権について債権者の競合がないこと（法159条3項）

です（『民事執行の実務・債権執行編（下）』14頁以下，園部『民事執行の実務（下）』426頁以下参照）。

　転付命令と取立権の行使（取立訴訟を含む）とは，第三債務者から請求債権の支払いを受ける点では共通していますが，被差押債権が差押債権者に移転するか否かという点で，次のような違いがあります。

　まず，取立権の行使においては，他の差押え等と競合した場合などには第三債務者が被差押債権を供託する義務を負いますので（法156条2項），差押債権者は，第三債務者から直接取り立てることができずに配当等の実施を待たなければなりません（法166条1項1号）。一方，転付命令においては，被差押債権そのものが差押債権者に移転するので，差押債権者は，独占的かつ迅速に請求債権の回収を図ることができます。

　また，取立権の行使においては，第三債務者が無資力であれば，債権差押命令を取り下げて債務名義の還付を受けた（規則145条による62条2項の準用）うえで，あらためて債務者の他の財産に強制執行することにより請求債権の回収を図ることが可能ですが，転付命令においては，被差押債権が差押債権者に移転することをもって請求債権が弁済により消滅することになりますので（法160条），第三債務者が無資力の場合には，請求債権を回収することは事実上不可能となってしまいます。そのため，転付命令は，実務上，第三債務者に無資力の危険がない金融機関等の場合に利用されているようです（平野『実践民事執行法民事保全法』273頁，『民事執行の実務・債権執行編（下）』24頁参照）。

⑽ **譲渡命令，売却命令，管理命令，配当等の実施**

すでに述べた「取立権の行使」や「転付命令」以外にも，被差押債権に条件や期限がある等の理由により取立てが困難である場合には，

① 被差押債権を裁判所が定めた価額で差押債権者に譲渡することを命じる「譲渡命令」

② 裁判所の定める方法により被差押債権の売却を執行官に命ずる「売却命令」

③ 管理人を選任して被差押債権の管理を命ずる「管理命令」

④ その他相当な方法による換価を命ずる命令

(以上，法161条1項) があります。

なお，第三債務者が被差押債権を供託した場合や上記②の「売却命令」により被差押債権が売却された場合等には，不動産執行に準じた配当等が実施されます（法166条1項各号，166条2項による84条～85条及び88条～92条の準用）。

> **コラム3　民事執行法の改正について**
> ―取立権の発生時期の見直し―
>
> 1　【債権執行の概要】でも述べましたが，給与債権等については，原則として給付の4分の3（養育費その他の扶養義務等に係る金銭債権の場合には，「2分の1」）に相当する部分を差し押えることが禁止されています（法152条）。もっとも，この規定による差押禁止債権の範囲は画一的なものですので，例えば，差押えにより債務者の生活に重大な支障が生じているなどの具体的な事情があれば，債務者は，差押禁止債権の範囲の変更の申立てをすることができます（法153条）。
>
> 2　しかし，差押命令が債務者に送達された日から1週間を経過すると，差押債権者は被差押債権を第三債務者から直接取り立てることができる（法155条1項）ため，債務者が一般市民である場合には，このような短期間に差押禁止債権の範囲の変更の申立てを行うことは事実上不可能ですし，そもそも債務者がこの制度の存在そのものを知らないことも十分に考えられます。

3　そして，給与債権等は，債務者の生活維持のために重要なものですので，その差押えにより債務者が受けるダメージは他の債権に比べて大きく，差押禁止債権の範囲の変更の申立てをする機会をより実質的に保障する必要性が大きいといえます。

4　そこで，令和元年5月10日に成立した改正法では，差し押さえられた債権が給与債権等の場合には，取立権の発生時期が「1週間」から「4週間」に変更され，同様に，法159条の「転付命令」や法161条の「譲渡命令等」の効力発生日，法166条の配当等の実施時期についても「1週間」から「4週間」に変更されました（改正法159条6項，160条，161条5項，166条3項）。

5　また，債務者に差押禁止範囲の変更の制度を周知するため，裁判所書記官が差押命令の送達の際，債務者に対して手続の教示をしなければならないとされました（改正法145条4項）。

6　もっとも，養育費その他の扶養義務等に係る金銭債権については，給与債権等が債務者の生活維持のために重要なものであるとはいえ，債権者の生計維持に不可欠なものですので，速やかにその実現を図る必要があります。そのため，差押債権者の債権に養育費その他の扶養義務等に係る金銭債権が含まれているときは，「4週間」に変更されることなく，「1週間」のままです（改正法155条2項かっこ書等）。

7　なお，改正法の施行日前に申し立てられた事件についても，従前どおり「1週間」とされています（改正法附則3条3項，4項）。

関連解説(6)　債権執行の申立て（預金債権）

　ストーリーでは，「司法書士高宮良一郎」が「三浦小枝子」から「日の出銀行つかさ支店」の「三好敬二」の預金債権に対する債権差押命令申立書の作成の委託を受けましたので，ここでは，司法書士が預金債権に対する債権差押命令申立書を作成する場合について説明していくことにしましょう。

1．申立てをする前に

　預金債権に対する債権差押命令を申し立てる際には，事前にいくつか検討しておくべきものがありますが，特に次の2点についての検討は必須ですので，まず，そこから説明したいと思います。

(1)　預金債権の特定について

　預金債権に対する債権差押命令については，実務上，第三債務者である金融機関のみならず，当該預金債権の取扱店舗である支店まで特定する必要があります（『民事執行の実務・債権執行編（上）』109頁，園部『民事執行の実務（下）』257頁参照）。これは，「民事執行規則133条2項の求める差押債権の特定とは，債権差押命令の送達を受けた第三債務者において，直ちにとはいえないまでも，差押えの効力が上記送達の時点（筆者注：差押命令が第三債務者に送達された時点）で生ずることにそぐわない事態とならない程度に速やかに，かつ，確実に，差し押さえられた債権を識別することができるものでなければならない」（最高裁平成23年9月20日第三小法廷決定：民集65巻6号2710頁・裁判所Web等）ところ，金融機関が全店舗の預金口座について，「速やかに，かつ，確実に」名寄せを行うことができないからとされています（平野『実践民事執行法民事保全法』241頁以下，園部『民事執行の実務（下）』263頁以下，『書式　債権・その他財産権・動産等執行の実務』51頁以下参照）。

したがって，司法書士としては，申立債権者が事前に債務者の預金口座がどの金融機関のどの支店にあるかについての情報を知っていなければ，何らかの方法でこれを調査しなければなりません。ただ，実務上は，これは非常に困難です。

ストーリーでは，たまたま「三浦小枝子」が「三好敬二」にリフォーム代金を振り込んだ口座が「日の出銀行つかさ支店」であったために，金融機関名及び支店名が判明していましたが，そのような事実がない場合には，預金債権に対して債権差押命令を申し立てても，いわゆる「空振り」となってしまいます。

(2) 債務者の借入れについて

【債権執行の概要】の「3．債権執行の手続の流れ」の「(4) 第三債務者の陳述」(150ページ) で述べたとおり，債権執行においては，第三債務者は，差押時に債務者に対して主張できるすべての抗弁を差押債権者に対抗できるうえ，債務者に対して有する債権が「差押後に取得されたものでないかぎり，自働債権および受働債権の弁済期の前後を問わず，相殺適状に達しさえすれば，差押後においても，これを自働債権として相殺をなしうる」ことから，債務者が金融機関に対してカードローン等の借入金債務があると，取引約款等により預金債権と借入金債務が相殺されてしまうため，カードローンの額が預金の額を超える場合には，やはり「空振り」になってしまうことになります。

司法書士としては，申立債権者から債務者に金融機関からの多額の借入れがあるか否かについて，できるだけ事前に事情聴取をしておくことが望ましいのは言うまでもありませんが，申立債権者がこれを知っていることは通常ほとんどないと思われます。仮に，申立債権者が何らかの事情により債務者の借入れ状況を知っていた場合には，当該借入れのある金融機関の預金債権に対する債権差押命令の申立ては避けた方が賢明だと考えられますので，申立債権者にその旨をよく説明し，理解してもらったうえで，債権差押命令を申し立てるか否かを慎重に判断してもらう必要があるでしょう。

ストーリーでは，「三浦小枝子」は，「日の出銀行つかさ支店」の「三好敬

二」の預金債権に対する債権差押命令を申し立てたのですが,「三好敬二」が「日の出銀行つかさ支店」から預金債権を上回る額のカードローンを借りていたために,最終的には,債権差押命令は「空振り」となってしまいました。

2．債権差押命令申立書の作成

　預金債権に対する債権差押命令を申し立てるには,債権差押命令申立書を作成しますが（規則1条）,そのほかにいくつかの添付書類を準備しなければなりません。

　債権の処分は極めて容易であり,債務者が被差押債権を処分してしまうことを防止しなければならないため,債権差押命令においては,裁判所は,債務者及び第三債務者を審尋することなしに,申立書の記載や添付書類のみから形式的に判断して債権差押命令を発令します（法145条2項,『新基本法コンメンタール民事執行法』359頁参照）。そのため,後述するとおり,特に申立書の記載事項については,実務上,細かい点まで正確に記載することが求められています。

　ところで,ストーリーでは,「日の出銀行つかさ支店」の「三好敬二」の預金債権について債権差押命令を申し立てていることから,ここでは,実際に「株式会社日の出銀行つかさ支店」の「三好敬二」の預金債権に対する債権差押命令申立書を作成していくことにしましょう。

3．預金債権に対する債権差押命令申立書の添付書類及び取得方法

　実際に預金債権に対する債権差押命令を申し立てるには,申立書を作成する前に少なくともいくつかの添付書類を取得しておかなければ,正確な申立書を作成することが困難です。まずは添付書類から確認していきましょう。

(1) 執行力のある債務名義の正本（規則21条）

　不動産に対する強制競売と同様,債権に対する強制執行においても「執行力

のある債務名義の正本」を要します（法25条参照）。

　なお，債務名義の種類や執行文付与の方法等については，【不動産執行の申立て】の「4．申立書の添付書類及び取得方法」の「(1)　執行力のある債務名義の正本」（46ページ）を参照してください。

(2)　送達証明書

　「強制執行は，債務名義又は確定により債務名義となるべき裁判の正本又は謄本が，あらかじめ，又は同時に，債務者に送達されたときに限り，開始することができる。」（法29条1項）と規定されているため，債務名義が債務者に送達されていることを証明する「送達証明書」が必要となることは，不動産に対する強制競売の場合と同様です。

　なお，送達証明書の取得方法等については，【不動産執行の申立て】の「4．申立書の添付書類及び取得方法」の「(2)　送達証明書」（48ページ）を参照してください。

(3)　第三債務者の登記事項証明書等（規則15条の2による民訴規則18条及び15条の準用）

　預金債権に対する債権差押命令では，第三債務者は金融機関であり，通常は会社法人等であることから，代表者の資格を証するため，その登記事項証明書が必要です。

　ストーリーでは，「首都地方法務局」ほかの法務局にて「株式会社日の出銀行」の登記事項証明書を取得することになります。

　債務者及び申立債権者が会社法人等である場合には，同様にその登記事項証明書を添付します。会社法人等の登記事項証明書の本店等と債務名義上の本店等が異なる場合に登記事項証明書等の記載から本店移転等の経緯が明らかでない場合には，その旨を証するために閉鎖事項証明書や閉鎖登記簿謄本等の書類も必要になります。登記事項証明書等の取得方法については，【不動産執行の申立て】の「4．申立書の添付書類及び取得方法」の「(5)　債務者の住民票，

会社法人等の登記事項証明書等」(50ページ)を参照してください。
　なお，東京地裁民事21部においては，会社法人等の登記事項証明書等の書類は発行後1カ月以内（申立債権者については2カ月以内）のもの，大阪地裁第14民事部，仙台地裁第4民事部，名古屋地裁民事2部，広島地裁民事4部では，発行後3カ月以内のものが必要となります（令和元年5月現在・裁判所Webより）。このように裁判所により必要となる書類，期限が異なるので，債権差押命令を申し立てる前に裁判所に問い合わせて確認してください。

(4) 債務者等の住民票，戸籍の附票等
　申立債権者及び債務者の債務名義上の住所・氏名と申立時の住民票上の住所・氏名が異なる場合には，住所移転・氏名変更等の経緯を明らかにするため，住民票や戸籍の附票，戸籍謄本等の書類が必要です。
　なお，東京地裁民事21部においては，これらの書類は発行後1カ月以内（申立債権者については2カ月以内）のもの，大阪地裁第14民事部や名古屋地裁民事2部では，発行後1カ月以内のもの，広島地裁民事4部では，発行後3カ月以内のものがそれぞれ必要となります（令和元年5月現在・裁判所Webより）。このように裁判所により必要となる書類，期限が異なるので，債権差押命令を申し立てる前に裁判所に問い合わせて確認してください。
　ところで，債務者の金融機関の口座開設時の住所と，債権差押命令申立時の住所とが異なっていることは珍しいことではありませんが，その場合，金融機関から債務者の生年月日に加え，住所の変遷について問い合わせがあることがありますので，戸籍の附票については，可能であれば取得しておいた方が良いでしょう。

(5) 郵便切手（予納郵券）及び申立債権者等宛の封筒，申立手数料
　【債権執行の概要】の「3．債権執行の手続の流れ」の「(3) 差押命令の発令及び送達等」(148ページ)で述べたとおり，債務者及び第三債務者には差押命令正本が送達され，また，申立債権者には，裁判所より差押命令正本及び送

達通知書が，第三債務者より陳述書が普通郵便等にて送付されますが，債権執行においては，不動産執行や自動車執行と異なり予納金を納付しないため，その分の郵便切手（予納郵券）及び申立債権者・債務者・第三債務者宛の封筒をあらかじめ提出しておく必要があります。

　予納郵券は，申立債権者・債務者・第三債務者が各1名の場合，東京地裁民事21部では3,217円分，大阪地裁第14民事部では2,826円分，仙台地裁第4民事部では2,816円分，名古屋地裁民事2部及び広島地裁民事4部では2,898円分となっています（令和元年5月現在・裁判所Webより）。申立債権者等宛の封筒については，必ずしも提出が求められていない裁判所もありますが，司法書士としては提出すべきでしょう。

　また，債権差押命令の申立手数料として，債権者及び債務者が1人で債務名義が1個の場合には4,000円分の収入印紙が必要です（民訴費用法3条1項，別表第1の11イ）が，申立手数料だけでなく郵便切手の組み合わせについても債務名義の数や裁判所により異なりますから，債権差押命令を申し立てる前に裁判所に問い合わせて確認してください。

(6) 各目録その他

　東京地裁民事21部や仙台地裁第4民事部においては，当事者目録，請求債権目録，差押債権目録を各1部，大阪地裁第14民事部では各目録を各2部，広島地裁民事4部では各目録を当事者（申立債権者，債務者，第三債務者）数＋各1部を提出しますが（令和元年5月現在・裁判所Webより），必要な目録やその他の書類については裁判所により異なりますから，債権差押命令を申し立てる前に裁判所に問い合わせて確認してください。

4．債権差押命令申立書の記載事項

　申立ての添付書類が揃ったところで，次に「株式会社日の出銀行つかさ支店」の「三好敬二」の預金債権に対する債権差押命令申立書を作成していくこ

とにしましょう。なお，具体的な記載については，【記載例7】を参考にしてください。

まず，債権差押命令の申立書は，「債権差押命令申立書」，「当事者目録」，「請求債権目録」，「差押債権目録」の4部構成とすることが通常です。なお，「債権差押命令申立書」と各目録は，左側余白部分をホッチキスで綴じ，各ページの間に申立債権者の印鑑にて契印（割印）をしますが（裁判所Webより），一般的に裁判書類については，各ページの下部中央にページ数を記載すれば契印（割印）を省略できるため，債権差押命令申立書においても同様と考えられます。

(1) 「債権差押命令申立書」の記載事項

まず，標題として，「債権差押命令申立書」と記載します（規則15条の2による民訴規則2条1項2号の準用）。次に，裁判所の表示として，「三好敬二」の住所の所在地を管轄する「首都地方裁判所」を記載し，申立年月日として，申立書の提出日を記載します（規則15条の2による民訴規則2条1項4号及び5号の準用）。なお，この申立年月日は，後述するように，実務上，請求債権の遅延損害金等の金額を計算する際に関わることになります。

続いて，申立債権者である「三浦小枝子」の郵便番号や住所に加え，「申立債権者　三浦小枝子」と記載し，氏名の横に押印します（規則15条の2による民訴規則2条1項柱書及び第1号の準用）。「三浦小枝子」の氏名については，記名でも問題はありませんが，司法書士としては，申立債権者の申立意思確認のため，署名してもらうことが望ましいでしょう。なお，押印する印鑑は認印でかまいませんが，仮に，後になって債権差押命令を取り下げることになった場合，裁判所に提出する取下書に押印する印鑑が申立書に押印した印鑑と異なる場合には，実務上，実印と印鑑証明書が必要となりますので，注意してください（『民事執行の実務・債権執行編（上）』57頁参照）。さらに，一般的には，「三浦小枝子」の電話番号やFAX番号も記載します。

そして，ストーリーでは，「司法書士高宮良一郎」が申立書を作成していま

すから，作成者を明確にするために「司法書士高宮良一郎」の事務所住所と「申立書作成者　司法書士高宮良一郎」と記載し，その横に職印を押印するべきでしょう（司法書士規則28条1項参照）。さらに，申立債権者は「三浦小枝子」ですが，実務上，申立書の不備や添付書類が不足していた場合などに裁判所書記官から司法書士に問い合わせの連絡があることも多いため，司法書士事務所の電話番号及びFAX番号も記載しておきましょう。

　ところで，先ほど「債権差押命令申立書」，「当事者目録」，「請求債権目録」，「差押債権目録」の4部構成とすることが通常だと述べましたが，それは，通常，「債権差押命令申立書」の中に「当事者　別紙目録のとおり」，「請求債権　別紙目録のとおり」，「差押債権　別紙目録のとおり」と記載するためですので，「別紙目録」として，別途「当事者目録」，「請求債権目録」，「差押債権目録」を作成するわけです。

　次に，債権差押命令の場合，民事執行規則21条3号において「強制執行の方法」を記載するよう規定しています。そのため，「債権者は，債務者に対し，別紙請求債権目録記載の執行力のある債務名義の正本に表示された上記請求債権を有しているが，債務者がその支払をしないので，債務者が第三債務者に対して有する別紙差押債権目録記載の債権の差押命令を求める。」のように記載します。

　また，【債権執行の概要】の「3．債権執行の手続の流れ」の「(1)　強制執行の申立て及び第三債務者への陳述催告の申立て」（146ページ）で述べたとおり，通常，債権差押命令の申立てと同時に第三債務者への陳述催告の申立てをすることから，申立書には，「第三債務者に対し，陳述催告の申立て（法147条1項）をする。」と記載しておきます。

　最後に，ストーリーの場合の「添付書類」は，「1　執行力のある債務名義の正本」，「2　同送達証明書」，「3　資格証明書」などと記載することになります（規則15条の2による民訴規則2条1項3号の準用）。

(2) 「当事者目録」の記載事項

　まず，申立債権者である「三浦小枝子」の住所と郵便番号に加え，債権者の氏名として「債権者　三浦小枝子」と記載します（規則21条1号）。さらに，東京地裁民事21部では，第三債務者等による問い合わせの便宜を図る観点から，当事者目録にも申立債権者の連絡先の記載を求めている（『民事執行の実務・債権執行編（上）』66頁参照）ため，「三浦小枝子」の電話番号等も記載する方が良いでしょう。もっとも，債権者が債務者に電話番号等を知られたくない事情がある場合には，記載しなくても問題はありません。そして，債権者及び債務者の住所・氏名が債務名義の住所・氏名と異なる場合には，「債務名義上の住所」，「債務名義上の氏名」を併記します。

　なお，「送達場所」及び「送達受取人」に関しては，【不動産執行の申立て】の「5．申立書の記載事項」の「(2)「当事者目録」の記載事項」(56ページ)と同様です。

　次に，債務者である「三好敬二」の住所と郵便番号に加え，債務者の氏名を記載します（規則21条1号）。

　最後に，第三債務者である「日の出銀行」の本店所在地と郵便番号に加え，商号として「株式会社日の出銀行」，代表者の資格及び氏名として「代表者代表取締役〇〇〇〇」と記載します（規則133条1項）。また，送達場所として，「日の出銀行つかさ支店」の支店所在地と郵便番号に加え，「株式会社日の出銀行つかさ支店」と記載します。これは，預金債権の取扱店舗である支店を特定する必要があるからです（『書式　債権・その他財産権・動産等執行の実務』108頁参照）。

(3) 「請求債権目録」の記載事項

　請求債権は，債務名義に表示された給付請求権ですから，ストーリーの場合，「特定商取引に関する法律9条1項の解除に基づく原状回復請求権としてのリフォーム工事代金返還請求権」です。

　そして，債務名義が「つかさ簡易裁判所」の確定判決（法22条1号）ですか

ら，「債務名義の表示」（規則21条2号）として，まず，「つかさ簡易裁判所平成24年（ハ）第375号事件の執行力のある判決正本に表示された下記金員及び執行費用」のように記載したうえで，「1．元金」として「金100万円」，「2．損害金」として「金〇〇〇〇円　下記(1)及び(2)の損害金の合計額　(1)上記1の元金のうち金50万円に対する平成24年9月1日から平成25年6月××日まで年6％の割合による損害金〇〇円　(2)上記1の元金のうち金50万円に対する平成24年10月1日から平成25年6月××日まで年6％の割合による損害金〇〇円」などと記載します。

　なお，利息や損害金等の附帯請求については，「申立日までの分まで」という取扱いとなっているため，上記「平成25年6月××日」は，前記(1)の「申立年月日」を記載することになります（『民事執行の実務・債権執行編（上）』95頁，『書式　債権・その他財産権・動産等執行の実務』119頁参照）。この実務上の取扱いについては，債権者と債務者との紛争と無関係な「第三債務者自らが請求債権中の遅延損害金の金額を計算しなければ，差押債権者の取立てに応ずべき金額が分からないという事態が生ずることのないようにするための配慮として，合理性を有するものというべきである。」とされています（最高裁平成21年7月14日第三小法廷判決：民集63巻6号1227頁・裁判所Web等）。

　さらに，「金銭の支払を目的とする債権についての強制執行にあっては，執行費用は，その執行手続において，債務名義を要しないで，同時に，取り立てることができる。」（法42条2項）ため，執行費用についても請求債権目録に記載します（『民事執行の実務・債権執行編（上）』61頁，『書式　債権・その他財産権・動産等執行の実務』121頁参照）。一般的には，①申立手数料，②申立書作成及び提出費用，③差押命令正本送達費用，④資格証明書交付手数料，⑤送達証明書申請手数料，⑥執行文付与申立手数料，などですが，これらの金額については裁判所によって異なる場合もありますから，債権差押命令を申し立てる前に裁判所に問い合わせてください。

(4) 「差押債権目録」の記載事項

　預金債権に対する債権差押命令の場合，申立債権者が債務者の預金債権の詳細を把握することができないことが通常であることから，実務上，「差押債権目録」には，「請求債権目録」に記載した合計額を「金〇〇〇万〇〇〇〇円」と記載したうえで，「ただし，債務者が第三債務者株式会社日の出銀行（つかさ支店扱い）に対して有する下記預金債権及び同預金に対する預入日から本命令送達時までに既に発生した利息債権のうち，下記に記載する順序に従い，頭書金額に満つるまで。」のように記載し，「記」として【記載例7】にあるように，順位付けをした概括的な表記により特定することで足りるとされています（『民事執行の実務・債権執行編（上）』109頁参照）。

【記載例7】 債権差押命令申立書（預金債権）

債権差押命令申立書

首都地方裁判所民事第3部債権執行係　　御　中

平成25年6月××日

　　　　　　　　　　〒123－4567　首都県つかさ市中央二丁目3番4号
　　　　　　　　　　申立債権者　　三　浦　小枝子　　　　　㊞
　　　　　　　　　　　　　　　　TEL　○○○（○○○）○○○○
　　　　　　　　　　　　　　　　FAX　○○○（○○○）○○○○

　　　　　　　　　（申立書作成者）

　　　　　　　　　　〒123－4567　首都県つかさ市中央一丁目2番3号
　　　　　　　　　　　　　　　　きさらぎ法務事務所
　　　　　　　　　　　　　　　　司法書士　高　宮　良一郎　　㊞
　　　　　　　　　　　　　　　　TEL　○○○（○○○）○○○○
　　　　　　　　　　　　　　　　FAX　○○○（○○○）○○○○

　　　　　　　　当　事　者　｝
　　　　　　　　請　求　債　権　｝別紙目録のとおり
　　　　　　　　差　押　債　権　｝

　債権者は，債務者に対し，別紙請求債権目録記載の執行力のある債務名義の正本に表示された上記請求債権を有しているが，債務者がその支払をしないので，債務者が第三債務者に対して有する別紙差押債権目録記載の債権の差押命令を求める。

　　☑　第三債務者に対し，陳述催告の申立て（民事執行法147条1項）をする。

添 付 書 類
　　1　執行力のある債務名義の正本　　　1通
　　2　同送達証明書　　　　　　　　　　1通
　　3　資格証明書　　　　　　　　　　　1通

【記載例7】　債権差押命令申立書（預金債権）

当 事 者 目 録

〒１２３－４５６７　首都県つかさ市中央二丁目３番４号
　　　　　　　　　　債 権 者　　三　　浦　　小　枝　子
　　　　　　　　　　ＴＥＬ　○○○（○○○）○○○○
　　　　　　　　　　ＦＡＸ　○○○（○○○）○○○○
（送達場所）
〒１２３－４５６７　首都県つかさ市中央一丁目２番３号
　　　　　　　　　　き さ ら ぎ 法 務 事 務 所
（送達受取人）　　　司 法 書 士　　高　宮　良　一　郎

〒１２３－４５６８　首都県つかさ市本町三丁目４番５号
　　　　　　　　　　債 務 者　　三　　好　　敬　　二

〒○○○－○○○○　○○県○○市○○町○丁目○番○号
　　　　　　　　　　第三債務者　　株式会社日の出銀行
　　　　　　　　　　代表者代表取締役　○　○　○　○
（送達場所）
〒１２３－４５６８　首都県つかさ市本町○丁目○番○号
　　　　　　　　　　株式会社日の出銀行つかさ支店

【記載例7】 債権差押命令申立書（預金債権）

請 求 債 権 目 録

　つかさ簡易裁判所平成24年（ハ）第375号事件の執行力のある判決正本に表示された下記金員及び執行費用

1．元　　　　金　　　金100万円

2．損　　害　　金　　　金〇〇〇〇円
　　下記(1)及び(2)の損害金の合計額
　　(1)　上記1の元金のうち金50万円に対する平成24年9月1日から平成25年6月××日まで年6％の割合による損害金〇〇円
　　(2)　上記1の元金のうち金50万円に対する平成24年10月1日から平成25年6月××日まで年6％の割合による損害金〇〇円

3．執　行　費　用　　　金〇〇〇〇円
　　（内訳）　本申立手数料　　　　　　金4000円
　　　　　　本申立書作成及び提出費用　金1000円
　　　　　　差押命令正本送達費用　　　金〇〇〇〇円
　　　　　　資格証明書交付手数料　　　金　600円
　　　　　　送達証明書申請手数料　　　金　150円
　　　　　　執行文付与申立手数料　　　金　300円

　合　　計　　　　　　　金〇〇〇万〇〇〇〇円

【記載例7】 債権差押命令申立書（預金債権）

差押債権目録

金○○○万○○○○円

　ただし，債務者が第三債務者株式会社日の出銀行（つかさ支店扱い）に対して有する下記預金債権及び同預金に対する預入日から本命令送達時までに既に発生した利息債権のうち，下記に記載する順序に従い，頭書金額に満つるまで。

記

1．差押えのない預金と差押えのある預金があるときは，次の順序による。
　(1)　先行の差押え，仮差押えのないもの
　(2)　先行の差押え，仮差押えのあるもの
2．円貨建預金と外貨建預金があるときは，次の順序による。
　(1)　円貨建預金
　(2)　外貨建預金（差押命令が第三債務者に送達された時点における第三債務者の電信買相場により換算した金額（外貨）。ただし，先物為替予約があるときは，原則として予約された相場により換算する。）
3．数種の預金があるときは，次の順序による。
　(1)　定期預金
　(2)　定期積金
　(3)　通知預金
　(4)　貯蓄預金
　(5)　納税準備預金
　(6)　普通預金
　(7)　別段預金
　(8)　当座預金
4．同種の預金が数口あるときは，口座番号の若い順序による。
　なお，口座番号が同一の預金が数口あるときは，預金に付せられた番号の若い順序による。

コラム4　民事執行法の改正について
　　　　　——第三者からの情報取得手続の新設（債務者の預貯金債権等に係る情報の取得）

1　【債権執行の申立て（預金債権）】（157ページ）でも述べましたが，預金債権に対する債権差押命令については，実務上，第三債務者である金融機関のみならず，当該預金債権の取扱店舗である支店まで特定する必要があります。

2　例えば，債務者がＡ金融機関のα支店の口座に預金があるとして，債権者が同じＡ金融機関のβ支店の預金債権について差押命令を申し立てたとしても，β支店に債務者の預金はありませんので，いわゆる「空振り」になってしまいます。

3　その場合，債務者としては，次にα支店の預金債権が差し押さえられるだろうと予想し，すぐに預金を引き出すなり，他の金融機関に移動するなりするでしょう。そうなると，債権者は，債権を回収することが困難になってしまいますが，そのような状態を放置すれば，最終的には，司法制度に対する信頼が失われてしまうことにもなりかねません。

4　しかし，「財産開示手続及びその改正について」のコラム（144ページ）で述べたとおり，従前の財産開示手続の運用状況を踏まえれば，債務者自身の陳述により債務者財産に関する情報を取得する制度には一定の限界があるといわざるを得ず，第三者から債務者財産に関する情報を取得する制度を創設する必要があると指摘されていました。特に取扱店舗である支店まで特定する必要のある預金債権については，その必要性が高いといわれています。

5　そこで，令和元年5月10日に成立した改正法では，金銭債権についての強制執行の実効性を確保するため，執行力のある債務名義の正本を有する金銭債権の債権者が，知れている債務者の財産に対する強制執行を実施しても債権の完全な弁済を得られないことの疎明などをした場合，裁判所が当該債権者の申立てにより，事前に債務者に告知することなく，銀行等の金融機関や証券会社等の振替機関等に対し，債務者の預貯金債権や振替社債等の口座に関する情報の提供をすべき旨を命じる制度が新設されました（改正法207条等）。

第13章 再 検 討

　夏休みも終わって9月に入り，なんとなくざわついて落ち着きのなかった街が静かになった。秋のカラッとした空気が気持ちのいい日でも，急に黒い雲が湧いてきて雷の音が遠くに聞こえるような変りやすい天気の日がこのところ続いていた。
「先生。私，あれから何度も三好さんのお店の前を通過して偵察していたんですが，お店はもう閉店になっています。お店にあった道具はもうなくなっていましたから。例の自動車も，近所の駐車場に止めていないかな，と思って少し回りをうろうろしてみたんですが，見つからないんですよ。すみません。」
　亜沙美は，相変わらず探偵を続けていてくれていたが，店を閉めた以外に目新しい情報を手に入れることはできないようだった。
「永岡さんが謝ることはないよ。悪かったね，いろいろと気にかけてくれて。どうもありがとう。三浦さんもきっと喜ぶよ。」
　良一郎は，亜沙美に礼を言ったあと，小枝子のファイルをパラパラとめくってなにかを探そうとしていた。
「ところで陽次。執行の再検討なんだけど。」
　なんとか役に立ちたいと思っていた亜沙美が，思いついたように切り出した。
「先生。三好さん，確かあけぼの宅建学院の講師をしているってセンパイが電話で調査していましたよね？　その講師料を差し押えるというのはだめなんですか？」

「永岡さん，よく覚えていたねぇ。」
　亜沙美の応用力の高さに，陽次はまた驚かされた。
「確かに三好が講師を続けていれば講師料が支払われるかもしれないけれど，あとであけぼののホームページで確認してみたら，三好は２週間の直前特別講義を受け持っているだけだったんだよ。」
　陽次は，良一郎が考えていることを先取りして亜沙美に説明した。
「永岡さん。もし，あけぼのに対して三好の講師料を差し押えたとするだろう？　三好には，あけぼのから講師料が支払われないから差し押えたことがばれるよね。永岡さんが三好だったらどうすると思う？」
　亜沙美はしばらく考えてから答えた。
「私だったら，あけぼのをやめて別の予備校を探します。だってセンパイ，あけぼのからの講師料がなくなれば差押えは空振りになるんですよね？」
「そう，そう。そのとおりだよね。もし，今回うまく行ったとしてもたった２週間の三好の講師料が100万円もあるとは考えられないから，債権は全額回収とはならないまま，また残ってしまう。そうなると，いたちごっこのように差押えを繰り返さなければならない。だから，先生は，講師料の差押えをするかどうか悩んでいるんだよ。」

「じゃ，センパイ。三好さんの自宅の家具とかはだめなんですか？」
「へ～，永岡さんは動産執行も知っているの？」
「私もなんだか悔しくて，ネットで調べたんですけど，三好さんが趣味でなにか高価な骨董品を集めているとか，施設に入っちゃったお母さんの宝石とか，何か高価なものはないですかね？」
「永岡さん。いくらなんでもお母さんの宝石狙いは無理だろうよ。三好の所有物じゃないことは一目瞭然だもん。高価な骨董品はあればラッキーだけれど，完璧な当てずっぽうだからねぇ。」
　陽次と亜沙美の会話を聞きながら，ファイルに綴じた資料をパラパラと

めくっていた良一郎が，顔を上げて答えた。

「永岡さん，いいところに目をつけたね。動産執行も当然選択肢のひとつだよ。ただ，これも講師料の差押えと似たようなところがあってね。ほら，リサイクルショップに行くとわかるけど，家具とか家電製品って，買ったときは高くても売るとなると安いだろう？　だから，相当高額な外国製のサイドボードとか，高級ブランドの飾り皿や食器がいくつもあるようじゃないと100万円分はなかなか厳しいよね。それに，テレビ，冷蔵庫，洗濯機みたいに普通の生活必需品になっているものは差し押さえてはいけないことになっているんだよ。」

「そうですか…。確かにリサイクルショップだと半額とか8割引くらいの家具があったりしますものね。」

「そうだろう？　それだけじゃないんだよね。動産差押えは，場合によっては債権者がお金を払って家具なんかを運び出さなければならないこともあるし，売却まで保管するときの保管料も実際は債権者が負担しなければならないとか，買い手がいなければ自分で買い取るとかさ，けっこうたいへんなんだよね。」

亜沙美は，債権者にはあまりに理不尽だと思ったのか良一郎を責めるように言った。

「え～っ，お金を回収するのに，自分でお金を出して買い取るってどういうことですか？　そんなの絶対おかしいですよ！」

今度は，陽次が引き取って答えた。

「債権者の持っている債権，三浦さんの場合は100万円だけど，その100万円の債権で，三好の，たとえば家具を買い取るわけだから，100万円の債権が，欲しくもない家具に化けちゃうこともあるっていうことなんだけどね。」

「ひどいですよ，センパイ。動産執行ってまるで債権者が損するようになっているみたいじゃないですか…。」

「まぁ，それでも効能はないことはないんだよ。どんなに安いものでもさ，

いままで使っていたものが差し押えられれば債務者は使えなくなるわけで，その不自由さがいやでお金を支払う気持ちにさせるという，ちょっと遠回しの効力だけどね。」

　良一郎は，陽次と亜沙美の会話から離れて，小枝子のファイルをパラパラとめくりながら，司法書士という職業柄か，関心の中心はやはり不動産にあった。
「陽次。三好の自宅には共担に牧野山市の土地と建物が入っていたよね。不動産執行は無理だと思うけど，念のため登記情報を取ってみるか？」
「わかりました。このままではドン詰まりですしね。」
　陽次は，そう言いながら，手早く三好の店舗兼自宅の登記情報にある共同担保目録から牧野山市の土地と建物の登記情報を取った。
「先生。これ，鉄骨３階建の店舗兼共同住宅ですよ。」
「へ～。ということは賃貸物件ということかね？」
　陽次は，登記情報をプリントアウトしたあと，続けてパソコンで牧野山市の地図を出して，地番を入力してみた。地域によっては，地番と住所がほとんど同じということがあるのは司法書士業界ではよく知られていたし，ほかに手掛かりがない以上，地番を頼るしかなかったのであるが，近い数字の住所が地図上に出てきた。幸いにも牧野山市も住所と地番がほとんど一致しているらしかったのである。
「先生，牧野山市の三好の物件は，これじゃないですかね？」
　良一郎は，急いで立ち上がり，陽次の机のうえのパソコン画面を覗き込んだ。
「ちょっと待ってください，私も今，道路地図サイトで見ているんですけど，上のほうに"メゾン三好"って書いてありますよ？」
　亜沙美も，急いで自分の机のパソコン画面の中で牧野山市の三好のマンション付近をうろつき始め，亜沙美の言葉で陽次も急いで地図から道路地図サイトの画面に切り替えた。

「陽次，それだよ，それ。けっこうしっかりしたマンションじゃないか。永岡さん，1階になにか店が入っているよね？」
「はい。ちょっと拡大してみますね。」
　亜沙美は，自分のパソコン画面で拡大してみた。
「中華料理店ですよ。"龍美飯店"って書いてあります。2階と3階は，2世帯ずつでしょうか。3階の左端の部屋は洗濯物が干してありますから，誰か住んでいるみたいですよね。」
「そうだね。いつのデータ画面かわからないけれど，2階の右側は，カーテンがかかっているから，まだ借り手がいるかもしれないな。」
　陽次も自分のパソコンで亜沙美と同じ画面を出して，3人はまるで牧野山市のメゾン三好の前にいるように話していた。

「先生。借主がいれば，家賃を差し押えることができるかもしれませんね。」
　陽次も画面を拡大してみたが，道路に面した階段の横にあるポストまでは確認できなかった。もっとも，読めてしまうような表札には，サイト管理者のほうでぼかしを入れているからいくら拡大しても無駄だったのだが。
「うん。不動産執行は現実的じゃないって思い込んでいたけれど，家賃という手があったか。なかなか頭が切り替えられないものだな。だけど，誰が住んでいるのかがわからないとなぁ。どうしも現地調査が必要になるよね。」
「そうですね。この龍美飯店も屋号だと借主の名前もわかりませんしね。」
　亜沙美がつぶやくと，良一郎は感心したような顔をしながら答えた。
「永岡さんの進歩はすごいね。屋号の話もちゃんと理解しているわけか。それにしても陽次。牧野山市は遠過ぎるよねぇ。高速で3時間はかかるだろうし，インターを降りてからもけっこう距離がありそうじゃないか。」
「そうですね。交通費もけっこうかかるから，三浦さんがどう考えるか。」

良一郎が司法書士になった10年前とは隔世の感があって，最近は，パソコンで多くの情報を手に入れることができる。しかし，最後は現地調査が必要不可欠だ。回収する債権の金額100万円からすると，あまり調査に費用をかけるわけにはいかないのが，司法書士高宮良一郎のジレンマであった。

　三好が牧野山市に賃貸物件を持っていることはわかっても，現地へ行けば必ず賃借人が特定できるとは限らないと。良一郎は牧野山の現地調査を小枝子に了解してもらう前にもう一度時間をかけて別の手段を検討してみよう，と思った。

関連解説(7) 債権執行の申立て（給与等債権）

　ストーリーでは，「あけぼの宅建学院」の「三好敬二」の給与等債権に対して債権差押命令を申し立てること検討したものの，講師料が少なすぎるために断念しましたが，ここでは，仮に「司法書士高宮良一郎」が「三浦小枝子」から「あけぼの宅建学院」の「三好敬二」の給与等債権に対して債権差押命令申立書の作成を受託していたとしたら…という仮定の下に，司法書士が給与等債権に対する債権差押命令申立書を作成する場合についてみていくことにしましょう。

1．申立てをする前に

　給与等債権に対する債権差押命令を申し立てる際には，事前に次の2点について検討しておきましょう。

(1) 差押禁止債権について

　【債権執行の概要】の「3．債権執行の手続の流れ」の「(2) 差押禁止債権」（147ページ）で述べましたが，民事執行法上，
　① 生命保険会社や信託銀行等の国及び地方公共団体以外の者から生計を維持するために支給を受ける私的年金等の継続的給付に係る債権
　② 給料，賃金，俸給，退職年金及び賞与等に係る債権
　③ 退職手当等に係る債権
については，原則として給付の4分の3に相当する部分を差し押えることが禁止されています（法152条1項，2項）。
　もっとも，①の「私的年金等」及び②の「給料等（賞与等を除く）」については，
　ア）支払期が毎月の場合：33万円

イ）支払期が毎半月の場合：16万5000円

ウ）支払期が毎旬の場合：11万円

エ）支払期が月の整数倍の期間ごとの場合：33万円×月の整数倍

オ）支払期が毎日の場合：1万1000円

カ）支払期がその他の期間の場合：1万1000円×期間の日数

が，私的年金及び給料等の額の4分の3に相当する額を超える場合には，その超える額の全額の差押えが認められています（令2条1項1号～6号）。例えば，月給60万円の場合，4分の3に相当する額は45万円ですが，45万円＞33万円ですから，33万円を超える27万円について差し押さえることが可能となるわけです。

なお，「賞与等」については，単純に4分の3に相当する額が33万円を超える場合には，33万円を超える額の全額の差押えが認められます（令2条2項）。反対に，③の「退職手当等」については，「給料等」のような例外はないので，原則どおり，「退職手当等」の4分の3に相当する部分を差し押えることが禁止されています。

このように給与等債権の債権差押命令においては，給与等の支給形態により差押禁止の額が異なってくるため，司法書士としては，申立債権者から債務者の給与等形態について事情を聴取しておく必要があります。もっとも，申立債権者が債務者の給与等の支給形態まで熟知していることは稀だと思われますが，後述するように，仮に給与等の支給形態が不明であったとしても，債権差押命令の申立ては可能ですから，それほど神経質になる必要はないでしょう。むしろ，実務上は，債務者の勤務先を把握することの方がずっと困難です。

さらに，給与等債権については，所得税，住民税，社会保険料，通勤手当を控除した手取り額を基準として算定することが実務上の取扱いですので（『民事執行の実務・債権執行編（上）』183頁），実際上は，手取り給与額の4分の1という決して多くない額しか差押えができないことになります。

(2) 債務者の退職等について

【債権執行の概要】の「3．債権執行の手続の流れ」の「(3) 差押命令の発令及び送達等」(148ページ)のとおり，債権差押命令が発令されると，債務者は，債権の取立てその他の処分を禁止されますが（法145条1項），被差押債権の基礎となる法律関係自体の処分は，原則として妨げられません。すなわち，被差押債権が給与等債権の場合，債務者が勤務先を退職することは問題なく，仮に同じ勤務先に再雇用されたとしても，債権差押命令の効力は，「再雇用後の給与等の債権について及ぶものではない」と解されているのです（最高裁昭和55年1月18日第二小法廷判決：集民129号37頁・裁判所Web等）。もちろん，通常，給与等債権に対して債権差押命令を申し立てる場合には，同時に退職金債権についても債権差押命令を申し立てるので，債務者が退職した際の退職金については，取り立てが可能です。

司法書士としては，給与等債権に対する債権差押命令申立書の作成の受託に際しては，債権差押命令の効力は，上記(1)のとおり，原則として手取り額の4分の1しか及ばないこと，また，債務者が退職してしまえば事実上効力を失うこと（退職金を除く）を申立債権者によく説明し，理解してもらう必要があると思います。

なお，既発生の給与等債権ではなく，将来発生する給与債権や退職金債権については，債務者が労務を提供してはじめて発生するものであり，それまでは金額も確定しないことから，「転付命令」（法159条1項）を申し立てることはできないと解されています（大審院昭和9年4月26日判決：大民集13巻622頁参照）。ご注意ください。

2．債権差押命令申立書の作成

給与等債権に対する債権差押命令を申し立てるには，債権差押命令申立書を作成しますが（規則1条），そのほかにいくつかの添付書類が必要となります。

それでは，実際に「あけぼの宅建学院」の「三好敬二」の給与等債権に対す

る債権差押命令申立書を作成していきましょう。

3．給与等債権に対する債権差押命令申立書の添付書類及び取得方法

まずは，添付書類から確認していきます。

(1) 執行力のある債務名義の正本（規則21条）

預金債権に対する債権差押命令申立書を作成する場合と同様ですので，【債権執行の申立て（預金債権）】の「3．預金債権に対する債権差押命令申立書の添付書類及び取得方法」の「(1) 執行力のある債務名義の正本」（159ページ）を参照してください。

(2) 送達証明書

預金債権に対する債権差押命令申立書を作成する場合と同様ですから，【債権執行の申立て（預金債権）】の「3．預金債権に対する債権差押命令申立書の添付書類及び取得方法」の「(2) 送達証明書」（160ページ）を参照してください。

(3) 第三債務者の登記事項証明書等（規則15条の2による民訴規則18条及び15条の準用）

給与等債権に対する債権差押命令では，第三債務者は，ほとんどの場合，会社法人等ですから，代表者の資格を証するため，その登記事項証明書等が必要です。ストーリーでは，「株式会社あけぼの宅建学院」の登記事項証明書を取得することになります。

なお，会社法人等の登記事項証明書等の取得方法，債務者及び申立債権者が会社法人等である場合，その登記事項証明書等の書類の期限等については，預金債権に対する債権差押命令申立書を作成する場合と同様ですので，【債権執行の申立て（預金債権）】の「3．預金債権に対する債権差押命令申立書の添

関連解説(7) 債権執行の申立て（給与等債権）　**183**

付書類及び取得方法」の「(3)　第三債務者の登記事項証明書等」（160ページ）を参照してください。

(4)　債務者等の住民票，戸籍の附票等

預金債権に対する債権差押命令申立書を作成する場合と同様ですので，【債権執行の申立て（預金債権）】の「3．預金債権に対する債権差押命令申立書の添付書類及び取得方法」の「(4)　債務者等の住民票，戸籍の附票等」（161ページ）を参照してください。

(5)　郵便切手（予納郵券）及び申立債権者等宛の封筒，申立手数料

預金債権に対する債権差押命令申立書を作成する場合と同様ですので，【債権執行の申立て（預金債権）】の「3．預金債権に対する債権差押命令申立書の添付書類及び取得方法」の「(5)　郵便切手（予納郵券）及び申立債権者等宛の封筒，申立手数料」（161ページ）を参照してください。

(6)　各目録その他

預金債権に対する債権差押命令申立書を作成する場合と同様ですので，【債権執行の申立て（預金債権）】の「3．預金債権に対する債権差押命令申立書の添付書類及び取得方法」の「(6)　各目録その他」（162ページ）を参照してください。

4．債権差押命令申立書の記載事項

申立ての添付書類が揃ったところで，次に「株式会社あけぼの宅建学院」の「三好敬二」の給与等債権に対する債権差押命令申立書を作成していきます。具体的な記載については，【記載例8】を参考にしてください。

なお，債権差押命令の申立書を「債権差押命令申立書」ほか4部構成とすることや契印（割印）などについては，預金債権に対する債権差押命令申立書を

作成する場合と同様です。

(1) 「債権差押命令申立書」の記載事項

預金債権に対する債権差押命令申立書を作成する場合と同様ですので,【債権執行の申立て（預金債権）】の「4．債権差押命令申立書の記載事項」の「(1)「債権差押命令申立書」の記載事項」（163ページ）を参照してください。

(2) 「当事者目録」の記載事項

第三債務者である「あけぼの宅建学院」の本店所在地と郵便番号に加え，商号として「株式会社あけぼの宅建学院」，代表者の資格及び氏名として「代表者代表取締役〇〇」と記載すること（規則133条1項）以外は，預金債権に対する債権差押命令申立書を作成する場合と同様です。

そこで,【債権執行の申立て（預金債権）】の「4．債権差押命令申立書の記載事項」の「(2)「当事者目録」の記載事項」（165ページ）を参照してください。

(3) 「請求債権目録」の記載事項

預金債権に対する債権差押命令申立書を作成する場合と同様ですので,【債権執行の申立て（預金債権）】の「4．債権差押命令申立書の記載事項」の「(3)「請求債権目録」の記載事項」（165ページ）を参照してください。

(4) 「差押債権目録」の記載事項

給与等債権に対する債権差押命令の場合，申立債権者が債務者の給与等の支給形態を把握することができないのが通常ですので，実務上は，「差押債権目録」に，「請求債権目録」に記載した合計額を「金〇〇〇〇万〇〇〇〇円」と記載したうえで,「ただし，債務者が第三債務者から支給される，本命令送達日以降支払期の到来する給料債権（基本給と諸手当。ただし，通勤手当を除く。）及び継続的に支払を受ける労務報酬債権（日給，週給，歩合手当，割増金）並びに賞与債権（夏季，冬季，期末，勤勉手当）の額から所得税，住民税，

社会保険料を差し引いた残額の4分の1（ただし，給料債権及び継続的に支払を受ける労務報酬債権から上記と同じ税金等を控除した残額の4分の3に相当する額が，下記一覧表記載の支払期の別に応じ，同記載の政令で定める額を超えるときは，その残額から政令で定める額を控除した金額。また，賞与債権については，上記税金等を控除した残額が44万円を超えるときは，その残額から33万円を控除した金額）にして頭書金額に満つるまで。なお，前記により弁済しないうちに退職したときは，退職金債権から所得税，住民税を控除した残額の4分の1にして，前記による金額と合計して頭書金額に満つるまで。」というように記載します。そして，「一覧表」として【記載例8】のように民事執行法施行令2条1項1号～6号が定める区分及び額をそれぞれ記載します（『民事執行の実務・債権執行編（上）』104頁参照）。

【記載例8】 債権差押命令申立書（給与等債権）

債権差押命令申立書

首都地方裁判所民事第3部債権執行係　　御　中

平成25年9月××日

　　　　　　　〒123－4567　首都県つかさ市中央二丁目3番4号
　　　　　　　申立債権者　　三　浦　小　枝　子　　　　㊞
　　　　　　　　　　　TEL　〇〇〇（〇〇〇）〇〇〇〇
　　　　　　　　　　　FAX　〇〇〇（〇〇〇）〇〇〇〇

　　　　　　　（申立書作成者）
　　　　　　　〒123－4567　首都県つかさ市中央一丁目2番3号
　　　　　　　　　　　き　さ　ら　ぎ　法　務　事　務　所
　　　　　　　　　　　司法書士　高　宮　良　一　郎　　㊞
　　　　　　　　　　　TEL　〇〇〇（〇〇〇）〇〇〇〇
　　　　　　　　　　　FAX　〇〇〇（〇〇〇）〇〇〇〇

　　　　　　　当　事　者　　｜
　　　　　　　請　求　債　権　｝　別紙目録のとおり
　　　　　　　差　押　債　権　｜

　債権者は，債務者に対し，別紙請求債権目録記載の執行力のある債務名義の正本に表示された上記請求債権を有しているが，債務者がその支払をしないので，債務者が第三債務者に対して有する別紙差押債権目録記載の債権の差押命令を求める。

　　☑　第三債務者に対し，陳述催告の申立て（民事執行法147条1項）をする。

添　付　書　類
　　1　執行力のある債務名義の正本　　　1　通
　　2　同送達証明書　　　　　　　　　　1　通
　　3　資格証明書　　　　　　　　　　　1　通

【記載例8】 債権差押命令申立書（給与等債権）

当 事 者 目 録

〒１２３－４５６７　首都県つかさ市中央二丁目３番４号
　　　　　　　　　債　権　者　　三　　浦　　小　枝　子
　　　　　　　　　ＴＥＬ　○○○（○○○）○○○○
　　　　　　　　　ＦＡＸ　○○○（○○○）○○○○
（送達場所）
〒１２３－４５６７　首都県つかさ市中央一丁目２番３号
　　　　　　　　　きさらぎ法務事務所
（送達受取人）　　司　法　書　士　　高　　宮　　良　一　郎

〒１２３－４５６８　首都県つかさ市本町三丁目４番５号
　　　　　　　　　債　務　者　　三　　好　　敬　　二

〒○○○－○○○○　○○県○○市○○町○丁目○番○号
　　　　　　　　　第三債務者　　株式会社あけぼの宅建学院
　　　　　　　　　代表者代表取締役　　○　　○　　○　　○

【記載例8】 債権差押命令申立書（給与等債権）

請 求 債 権 目 録

　つかさ簡易裁判所平成24年（ハ）第375号事件の執行力のある判決正本に表示された下記金員及び執行費用

1．元　　　金　　　金100万円

2．損　害　金　　　金〇〇〇〇円
　　　下記(1)及び(2)の損害金の合計額
　　(1)　上記1の元金のうち金50万円に対する平成24年9月1日から平成25年9月××日まで年6％の割合による損害金〇〇円
　　(2)　上記1の元金のうち金50万円に対する平成24年10月1日から平成25年9月××日まで年6％の割合による損害金〇〇円

3．執　行　費　用　　　金〇〇〇〇円
　　（内訳）　本申立手数料　　　　　　金4000円
　　　　　　　本申立書作成及び提出費用　金1000円
　　　　　　　差押命令正本送達費用　　　金〇〇〇〇円
　　　　　　　資格証明書交付手数料　　　金　600円
　　　　　　　送達証明書申請手数料　　　金　150円
　　　　　　　執行文付与申立手数料　　　金　300円

　　合　　　計　　　　　　　金〇〇〇万〇〇〇〇円

【記載例8】 債権差押命令申立書（給与等債権）

差 押 債 権 目 録

金〇〇〇万〇〇〇〇円

　ただし，債務者が第三債務者から支給される，本命令送達日以降支払期の到来する給料債権（基本給と諸手当。ただし，通勤手当を除く。）及び継続的に支払を受ける労務報酬債権（日給，週給，歩合手当，割増金）並びに賞与債権（夏季，冬季，期末，勤勉手当）の額から所得税，住民税，社会保険料を差し引いた残額の４分の１（ただし，給料債権及び継続的に支払を受ける労務報酬債権から上記と同じ税金等を控除した残額の４分の３に相当する額が，下記一覧表記載の支払期の別に応じ，同記載の政令で定める額を超えるときは，その残額から政令で定める額を控除した金額。また，賞与債権については，上記税金等を控除した残額が４４万円を超えるときは，その残額から３３万円を控除した金額）にして頭書金額に満つるまで。なお，前記により弁済しないうちに退職したときは，退職金債権から所得税，住民税を控除した残額の４分の１にして，前記による金額と合計して頭書金額に満つるまで。

（一覧表）

支払期	政令で定める額
毎　月	３３万円
毎半月	１６万５０００円
毎　旬	１１万円
月の整数倍の期間ごと	３３万円に当該倍数を乗じて得た金額に相当する額
毎　日	１万１０００円
その他の期間	１万１０００円に当該期間に係る日数を乗じて得た金額に相当する額

> **コラム5** 民事執行法の改正について―第三者からの情報取得手続の新設（債務者の不動産・給与債権に係る情報の取得）
>
> 1　前のコラムで「第三者からの情報取得手続の新設（債務者の預貯金債権等に係る情報の取得）」（172ページ）について説明しましたが、令和元年5月10日に成立した改正法では、他にも債務者の不動産や給与債権に関する情報を取得する制度が新設されました。
>
> 2　不動産は、一般には価値の大きい財産であると認識されていますが、不動産の登記記録は「一筆の土地又は一個の建物ごとに」作成されており（不動産登記法2条5号等）、債権者がその特定のため調査することは容易ではありません。また、給与債権は、債務者が個人であるケースでは最も重要な財産であることが少なくありませんが、債権者が債務者の勤務先等を把握することは容易ではなく、特に勤務先等が変わった場合などは事実上不可能といえます。
>
> 3　もっとも、法務局や市町村などの公的機関が保有する不動産や勤務先等の情報には、債務者の個人情報が含まれており、特に勤務先等の情報については、みだりに外部に提供されてしまうと債務者の権利利益が侵害されるおそれがあります。また、公的機関の職員の守秘義務の問題もあります。しかし、財産開示手続が実施された後であれば、債務者はすでにその財産に関する情報の開示義務を負うと裁判所に判断されていますので、債権者との関係では、これらの情報に関する債務者の利益を保護する必要性は相対的に小さくなります。
>
> 4　そこで、改正法では、3年以内に財産開示手続が実施されている場合に限り、執行力のある債務名義の正本を有する金銭債権の債権者が、知れている債務者の財産に対する強制執行を実施しても債権の完全な弁済を得られないことの疎明などをした場合、裁判所が当該債権者の申立てにより、登記所（法務局）に対して債務者の土地や建物等に関する情報、市町村や厚生年金保険の実施機関に対して債務者の勤務先等に関する情報の提供をすべき旨を命じる制度が新設されました（改正法205条、206条等）。
>
> 5　ただし、債務者の勤務先等に関する情報については、給与債権の差押えによって債務者の生活が困難となったり、勤務先を退職せざるを得なくなったりすることがあるといわれ、情報提供により債務者が受ける不利益は決して小さくありません。そのため、「債務者の給与債権に係る情報の取得」を申し立てることができるのは、債権者の生計維持に不可欠な養育費その他の扶養義務等に係る金銭債権、犯罪被害者等の保護の観点からの生命・身体の侵害による損害賠償請求権の2つに限定されています（改正法206条1項柱書）。
>
> 6　なお、「債務者の不動産に係る情報の取得」については、他の改正法の手続より1年程度後に施行される予定です（改正法附則5条）。

関連解説(8)　動産執行の概要

　ストーリーの中では,「三好敬二」の自宅の動産について, 動産執行が検討されていましたので, ここでは, 動産執行について, もう少し詳しくみていきましょう。

1. 動産執行の分類

　ストーリーでは「三浦小枝子」が「三好敬二」に対して訴訟を提起して判決を得ましたが, 動産執行には, このように債務者に対して金銭の支払いを認めた確定判決等の「債務名義」を得て, それに基づいて執行官に申し立てる「動産に対する強制執行」(法122条～142条等)と, 質権や先取特権等に基づく「動産を目的とする担保権の実行」(法190～192条等)があります。

　ところで, 後述するとおり, 動産執行においては, 対象となる動産の価値が低いことが多く, かつ, 差押禁止動産の範囲が広いため,「ほぼ9割が価値のある動産がないため執行不能で終了しており, 債権回収というよりも税務上の損金処理の方法として利用されている」との指摘(平野『実践民事執行法民事保全法』225頁)や,「動産執行により債務者に動産を利用させないという苦痛を与えることによって, 弁済を強制する手段として, 動産執行手続が利用されている(動産執行の間接強制機能)」との指摘があります(『やさしい民事執行法・民事保全法』113頁)。実際に,「動産執行及び動産競売」の平成29年度の既済事件数は, 24,507件と,「債権及びその他の財産権に対する強制執行」の117,052件の2割程度でしかありません(司法統計より)。

2. 動産執行の対象

　動産執行の対象となる動産は,

①　土地及びその定着物以外の物（民法86条2項）
　②　商品券等の無記名債権（民法86条3項）
　③　建築中の建物等の登記することができない土地の定着物（法122条1項）
　④　穀物や野菜等の土地から分離する前の天然果実で1カ月以内に収穫することが確実であるもの（同項）
　⑤　裏書の禁止されていない手形等の有価証券（同項）

があります。

　ただし，
　①　船舶執行の対象となる総トン数20トン以上の船舶（法112条）
　②　小型船舶執行の対象となる小型船舶登録原簿に登録された総トン数20トン未満の船舶（規則98条の2）
　③　航空機執行の対象となる航空機登録原簿に登録された飛行機及びヘリコプター（規則84条）
　④　自動車執行の対象となる自動車登録ファイルに登録されている自動車（規則86条）
　⑤　建設機械執行の対象となる建設機械登記簿に登記された建設機械（規則98条）

については，民法上の動産ではありますが（民法86条2項参照），他の強制執行の対象となるため，動産執行の対象とはなりません。

　また，
　⑥　工場抵当権の効力の及ぶ機械・器具等の動産
　⑦　工場財団に属する機械・器具等の動産
　⑧　破産手続開始決定後の破産財団に属する動産

についても動産執行の対象ではありません（工場抵当法7条2項及び13条2項，破産法42条1項）。

3．動産執行の手続の流れ

次に，動産執行の手続の流れをみていきましょう。ストーリーの「三浦小枝子」が得た「三好敬二」に対する債務名義をもとに，ここでは「動産に対する強制執行」の手続をみていくことにします。

(1) 強制執行の申立て

まず，「動産に対する強制執行」をするためには，動産執行申立書を作成したうえで（規則1条，執行官規則7条1項），必要書類を添付して，動産の所在地を管轄する地方裁判所に所属する執行官（執行官室）に申立てをします（執行官法4条，園部『民事執行の実務（下）』117頁参照）。なお，動産執行においては，その対象となる個々の動産を特定することは困難なため，動産が所在する場所を特定すれば足りると解されています（場所単位主義，中野・下村『民事執行法』635頁参照）。

ストーリーでいえば，「三好敬二」の自宅の所在地を管轄する「首都地方裁判所の執行官室」に動産執行を申し立てることになります。なお，動産執行申立書の記載事項及び添付書類については，後述します。

(2) 動産執行開始日時の指定及び通知

次に，執行官が動産執行申立書等をチェックしたうえで，書類や法律上の問題がないと判断した場合には，執行官は，やむを得ない事由がある場合を除き，申立てがあった日から1週間以内の日を，動産執行を開始する日時と定め，申立債権者が通知を要しない旨を申し出た場合を除いて，これを申立債権者に通知しなければなりません（規則11条1項，2項）。なお，申立債権者への通知は，「相当と認める方法」によることができる（規則3条1項による民訴規則4条1項の準用）ため，電話等により動産執行を開始する日時が通知されます（『執行官実務の手引』100頁参照）。

ストーリーでいえば，「三浦小枝子」からの申立てを受けた「首都地方裁判

所の執行官」は，申立て後1週間以内に動産執行を開始する日時を定め，「三浦小枝子」に電話等により通知することになります。

(3) 差押禁止動産

　動産執行においては，債務者の生活保障，生業の維持，精神的生活の尊重，保安上の必要等の種々の政策的配慮により，ⅰ）民事執行法，ⅱ）特別法により，差押えを禁止されている動産があります（『新基本法コンメンタール民事執行法』338頁以下，『執行官実務の手引』61頁以下参照）。

　まず，ⅰ）民事執行法により差押えが禁止されている動産は，
① 債務者及びその者と生計を一にする同居の親族等の生活に欠くことができない衣服，寝具，家具，台所用具，畳及び建具
② 債務者及びその者と生計を一にする同居の親族等の1カ月間の生活に必要な食料及び燃料
③ 標準的な世帯の2カ月間の必要生計費として66万円（令1条）
④ 主として自己の労力により農業を営む者の農業に欠くことができない器具，肥料，労役の用に供する家畜及びその飼料並びに次の収穫まで農業を続行するために欠くことができない種子その他これに類する農産物
⑤ 主として自己の労力により漁業を営む者の水産物の採捕または養殖に欠くことができない漁網その他の漁具，えさ及び稚魚その他これに類する水産物
⑥ 技術者，職人，労務者その他の主として自己の知的または肉体的な労働により職業または営業に従事する者（上記③④の者を除く）のその業務に欠くことができない器具その他の物（商品を除く）
⑦ 実印その他の印で職業または生活に欠くことができないもの
⑧ 仏像，位牌その他礼拝または祭祀に直接供するため欠くことができない物
⑨ 債務者に必要な系譜，日記，商業帳簿及びこれらに類する書類
⑩ 債務者またはその親族が受けた勲章その他の名誉を表章する物

⑪　債務者及びその者と生計を一にする同居の親族等の学校その他の教育施設における学習に必要な書類及び器具
⑫　発明または著作に係る物で，まだ公表していないもの
⑬　債務者及びその者と生計を一にする同居の親族等に必要な義手，義足その他の身体の補足に供する物
⑭　建物その他の工作物について，災害の防止または保安のため法令の規定により設備しなければならない消防用の機械または器具，避難器具その他の備品

です（法131条各号）。

　なお，換価性の低い動産についても，「相当な方法による売却の実施をしてもなお売却の見込みがないときは，執行官は，その差押物の差押えを取り消すことができる」（法130条）ため，事実上，差押えが禁止されることになります（『新基本法コンメンタール民事執行法』337頁，『執行官実務の手引』63頁参照）。

　次に，ⅱ）特別法により差押えを禁止されている動産として，
①　生活保護受給者が給与を受けた保護金品（生活保護法58条）
②　信託財産に属する財産（信託法23条１項）
などがあります。

(4)　超過差押えの禁止・無剰余差押えの禁止

　動産執行においては，前記(1)のとおり，動産が所在する場所を特定すれば足りると解されているため，申立債権者（動産執行が開始された後は「差押債権者」といいます）の請求債権及び執行費用の弁済に必要な限度を超えて，所在場所にある動産を差し押さえてはならないとされ（超過差押えの禁止，法128条１項），差押え後にこの限度を超えることが明らかとなったときは，執行官は，その超える限度において差押えを取り消さなければならないとされています（同条２項）。

　また，自己の債権を回収するために動産執行を申し立てた差押債権者が全く配当を受けられない事態が生ずるような無益な執行をしないように，差し押さ

えようとしている動産の売得金で手続費用さえ弁済できる見込みがないときは，執行官は，差押えをしてはならないとされ（無剰余差押えの禁止，法129条1項），差押物の売得金で手続費用及び差押債権者に優先する債権を弁済できる見込みがないときは，執行官は，差押えを取り消さなければならないとされています（同条2項）。

(5) 動産差押えの実施

執行官は，債務者の住居等の動産の所在場所に立ち入って，差押えを実施しますが，その際，債務者の占有する金庫その他の容器について捜索することができ，必要があるときは，閉鎖した戸や金庫その他の容器を開くために解錠技術者に解錠させることもできます（法123条2項，執行官規則12条）。また，債務者の懐中を捜索することはできませんが，債務者が財布，時計，指輪等を所持していることが明白な場合には，執行官はこれを差し出させて差し押さえることができるとされています（『新基本法コンメンタール民事執行法』329頁，園部『民事執行の実務（下）』129頁参照）。そして，執行官は，所在場所にある動産について，債務者の所有に属するか否かを判断する必要はなく，外観上，債務者の占有に属すると判断すれば足りると解されています（中野・下村『民事執行法』637頁，『執行官実務の手引』59頁参照）。

また，執行官は，債務者の住居に立ち入って差押えをするに際して債務者や同居の親族等に出会わないときは，市町村の職員，警察官その他証人として相当と認められる者を立ち会わせなければなりません（法7条）。なお，「申立債権者の中には，執行官が執行場所に臨場する際に同行して，執行に立ち会いたいと希望する者もいるが，民事執行法上，申立債権者に立会権が認められていないので」，「債務者・在室者の同意が得られない限り，申立債権者は執行場所に立ち入ることができない」とされています（『執行官実務の手引』58頁）。

動産の差押えは，執行官がその動産を占有して行うのが原則です（法123条1項）。もっとも，執行官は，相当であると認めるときは，債務者や差押債権者，第三者に保管させることができる（同条3項，規則104条1項）のですが，その

際には，差押物件封印票による封印もしくは差押物件標目票を貼り付ける等をしなければならず，さらに，差押物の処分，差押えの表示の損壊その他の行為に対する法律上の制裁を告げなければなりません（規則104条2項，3項）。債務者に保管させた場合において，相当であると認めるときは，執行官は差押物の使用を許可することができます（法123条4項）。

実務上は，現金，宝石等の貴金属，有価証券等の高価な動産で運搬の容易なものは執行官が保管し，それ以外のものについては，執行官の判断により，債務者に保管させるか，あるいは，差押債権者にしかるべき保管倉庫を借りてもらい保管させているようです（『新基本法コンメンタール民事執行法』329頁，『執行官実務の手引』65頁参照）。

(6) 差押調書の作成

執行官は，動産の差押えを実施したときは，
① 事件の表示
② 執行に着手した日時及び終了した日時
③ 執行の場所
④ 執行の目的物
⑤ 執行に立ち会った者

などの事項を記載した差押調書を作成しなければなりません（規則13条1項各号，執行官規則17条）。なお，④の「執行の目的物」については，種類，材質その他の差押物を特定するに足りる事項のほか，差押物の数量及び評価額を明らかにしなければならないとされています（規則102条2項）。

そして，執行官は，差押えをしたときは，債務者に対し，その旨を通知しなければなりませんが（規則103条1項），債務者が差押えに立ち会っている場合には，口頭で通知することで足り，それ以外の場合でも，差押調書謄本を普通郵便にて送付するなどの適宜の方法で足ります（規則3条1項による民訴規則4条1項の準用，『執行官実務の手引』67頁参照）。なお，差押債権者においても，差押調書謄本の交付を求めることができる（執行官法18条1項）ため，強制執

行申立書にその旨の記載しておけば，動産差押えの実施後に差押調書謄本が郵送等の適宜の方法で交付されます。

(7) 差押動産の売却

差押動産の売却については，
① 入札期日に入札をさせる「期日入札」（規則120条）
② 競り売り期日に買受けを申し出る額を競り上げさせる「競り売り」（規則114条等）
③ 執行官の裁量により売却する「特別売却」（規則121条）
④ 第三者に委託して売却する「委託売却」（規則122条）

の４つの方法があります（法134条）。③の「特別売却」及び④の「委託売却」については，執行官は，あらかじめ差押債権者の意見を聴いたうえで，所属する裁判所の許可を得た後に，その旨を各債権者及び債務者に通知する必要があります（規則121条２項及び４項，規則122条４項による121条２項及び４項の準用）。

実務上，①の「期日入札」は，一般の人が参加しやすい手続であることから，宝石や貴金属等の需要の高い動産について，③の「特別売却」は，銃砲刀剣類や薬品等の法令上の資格や許可がなければ買い受けられない動産について，④の「委託売却」は，牛馬等のように特定の専門業者の方が高額で迅速に売却されることが期待できる動産について，それぞれ実施され，それ以外の動産については，②の「競り売り」が実施されているようです（『執行官実務の手引』71頁参照）。

なお，高価な動産については，評価人を選任して評価させる必要があり（規則111条１項），売却価額についても，貴金属やその加工品は，地金としての価額以上の価額で売却しなければならず（規則124条），取引所の相場のある有価証券は，その日の相場以上の価額で売却しなければなりません（規則123条１項）。しかし，それ以外の動産については，不動産執行や自動車執行のように評価を行う必要はありません。

(8) 買受人に対する動産の引渡し

「競り売り」の方法では，競り売り期日において，執行官は，買受申出額のうち最高のものを3回呼び上げた後，より高額の申出がなければ，買受申出額及びその者に買受けを許可する旨を告げます（規則116条1項）。買受けを許可された買受人は，別途代金支払期日が定められた場合を除き，直ちに代金を支払わなければなりません（規則118条1項）。

そして，買受人が代金を支払ったときは，執行官は，売却した動産を買受人に引き渡さなければなりません（規則126条1項前段）が，動産を執行官以外の者が保管している場合には，買受人の同意を得て，買受人に対して「競り売り調書」謄本等の売却の事実を証する文書を交付し，かつ，保管者に対し買受人にその動産を引き渡すべき旨を通知する方法により引き渡すことができることになります（同項後段）。

そして，買受人が売却代金を支払った時に動産の所有権は，買受人に移転すると解されています（法79条の類推適用，『執行官実務の手引』75頁参照）。

(9) 配当等の実施

差押債権者のみの場合はもちろん，差押債権者以外に配当要求をした先取特権者や質権者等の債権者（法140条，133条）がいた場合であっても，差押動産の売得金や差し押えた現金，手形等の支払金が執行費用と債権者全員の債権額を超える場合には，執行官は，単純に債権者に弁済し，残額を債務者に交付すれば足ります（法139条1項）。

これに対し，差押債権者以外の債権者がいる場合で，差押動産の売得金等が執行費用と債権者全員の債権額の合計を下回る場合には，債権者全員の間で協議が調えば執行官がその協議に従って配当を実施することができますが（法139条2項），協議が調わなかった場合には，執行官は，その事情を所属する裁判所に届け出なければならず（同条3項），その場合には，執行官ではなく，執行官の所属する裁判所において，不動産執行に準じた配当等が実施されます（法142条1項，同条2項による84条～85条及び88条～92条の準用）。

関連解説(9)　動産執行の申立て

1．申立債権者の関与

【動産執行の概要】でみてきたとおり，「動産に対する強制執行」の手続は，

(1) 強制執行の申立て
　↓
(2) 動産執行開始日時の指定及び通知
　↓
(3) 差押禁止動産
　↓
(4) 超過差押えの禁止・無剰余差押えの禁止
　↓
(5) 動産差押えの実施
　↓
(6) 差押調書の作成
　↓
(7) 差押動産の売却
　↓
(8) 買受人に対する動産の引渡し
　↓
(9) 配当等の実施

という流れで進んでいきますが，この一連の手続の流れの中で，(1)を除けば，そのほとんどが執行官の主導によりなされる手続です。

つまり，申立債権者が自らしなければならないことは，事実上，「(1) 強制執行の申立て」のみといっても過言ではありません。申立てさえなされてしまえば，その後の手続は執行官の主導によって進行していくので，あとはいかに正確に動産執行申立書を作成するか，にかかってきます。

2．申立てをする前に

ところで，動産執行においては，【動産執行の概要】の「3．動産執行の手続の流れ」の「(3) 差押禁止動産」(194ページ) において述べたとおり，債務者の生活保障，生業の維持，精神的生活の尊重，保安上の必要等の種々の政策的配慮により，差押えを禁止されている動産が広く，仮に債務者の自宅に66万円の現金があったとしても，これを差し押さえることはできません（法131条3号，令1条）。

また，判決等の債務名義を取得されてもなお支払いをしない債務者が高額な動産を所有しているとは考えにくいことから，債務者がそのような動産を所有しているという情報を申立債権者が持っているような場合を除き，動産執行を申し立てても「無剰余差押えの禁止」により差押えが取り消されてしまう可能性は否定できないのです（法129条）。

もっとも，動産執行の対象となる債務者所有の動産がすべて低額というわけではありませんし，【動産執行の概要】の「1．動産執行の分類」(191ページ) で述べたとおり，動産執行には，債権を回収するという本来の目的以外にも「税務上の損金処理」や「動産執行の間接強制機能」という利用方法もないわけではありません。

そこで，司法書士としては，動産に対する強制執行申立書の作成を受託するに際しては，動産執行がこのような手続であることを申立債権者によく説明し，理解してもらったうえで，動産執行を申し立てるか否かをよく検討してもらう必要があります。

3．強制執行申立書の作成

動産執行を申し立てるには，強制執行申立書を作成しますが（規則1条，執行官規則7条1項），そのほかにいくつかの添付書類が必要となります。

ところで，ストーリーでは，「三好敬二」の自宅の動産について強制執行を

検討していましたので，ここでは，仮に「司法書士高宮良一郎」が「三浦小枝子」から「三好敬二」の自宅の動産に対する強制執行申立書の作成を受託していたとしたら…という仮定の下に，実際に動産に対する強制執行申立書を作成していくことにします。

4．強制執行申立書の添付書類及び取得方法

正確な申立書を作成するためには，少なくともいくつかの添付書類を前もって取得しておくべきなので，まずは添付書類から確認していきましょう。

(1) 執行力のある債務名義の正本（規則21条）

不動産に対する強制競売と同様，動産に対する強制執行においても「執行力のある債務名義の正本」が必要です（法25条参照）。

なお，債務名義の種類や執行文付与の方法等については，【不動産執行の申立て】の「4．申立書の添付書類及び取得方法」の「(1) 執行力のある債務名義の正本」（46ページ）を参照してください。

(2) 送達証明書

「強制執行は，債務名義又は確定により債務名義となるべき裁判の正本又は謄本が，あらかじめ，又は同時に，債務者に送達されたときに限り，開始することができる。」（法29条1項）と規定されているため，債務名義が債務者に送達されていることを証明する「送達証明書」が必要となることは，不動産に対する強制競売の場合と同様です。

なお，送達証明書の取得方法等については，【不動産執行の申立て】の「4．申立書の添付書類及び取得方法」の「(2) 送達証明書」（48ページ）を参照してください。

(3) 会社法人等の登記事項証明書等（規則15条の2による民訴規則18条及び15条の準用），債務者等の住民票

　債務者及び申立債権者が会社法人等である場合には，他の強制執行と同様に代表者の資格を証するため，その登記事項証明書等の書類が必要です。会社法人等の登記事項証明書等の取得方法については，【不動産執行の申立て】の「4．申立書の添付書類及び取得方法」の「(5)　債務者の住民票，会社法人等の登記事項証明書等」（50ページ）を参照してください。

　会社法人等の登記事項証明書の本店等と債務名義上の本店等が異なる場合に登記事項証明書の記載から本店移転等の経緯が明らかでない場合には，その旨を証するために閉鎖事項証明書や閉鎖登記簿謄本等の書類，申立債権者及び債務者の債務名義上の住所・氏名と申立時の住民票上の住所・氏名が異なる場合には，住所移転・氏名変更等の経緯を明らかにするため，住民票や戸籍の附票，戸籍事項証明書等の書類も必要となるでしょう。

(4) 動産の所在場所の略図，債務者に関する調査表

　動産執行においては，執行官が債務者の住居等の動産の所在場所に立ち入って差押えを実施する（法123条2項）ことから，執行官が動産の所在場所に赴く際の便宜のため，動産の所在場所の略図を添付することが望ましいとされています。さらに，債務者の在宅状況や職業，同居の家族の状況等について情報提供するため，これらの事項を記載した調査表の添付も望ましいとされています（園部『民事執行の実務（下）』122頁，『弁護士業務書式文例集』247頁，252頁参照）が，司法書士としては，これらの書面は添付すべきでしょう。

(5) 申立手数料，予納金

　動産執行を申し立てる際には，執行官の所属する地方裁判所に対し，「手数料及び職務の執行に要する費用の概算額」を予納する必要がありますが（執行官法15条，執行官規則18条），予納金の額は，執行官が事案により適当と認める額となる（『執行官実務の手引』30頁）ため，強制執行を申し立てる際には，執

行官の所属する地方裁判所の執行官室に問い合わせて確認してください。

5．強制執行申立書の記載事項

　申立ての添付書類が揃ったところで，次に「三好敬二」の自宅の動産に対する強制執行申立書を作成していくことにしましょう。なお，具体的な記載については，【記載例9】を参考にしてください。

(1) 標題，執行官の表示，申立年月日（規則15条の2による民訴規則2条1項2号，4号及び5号の準用）

　まず，標題は，「強制執行申立書」とし，次に執行官の表示として，「三好敬二」の自宅の所在地を管轄する「首都地方裁判所の執行官室」を，申立年月日として，申立書の提出日を記載します。なお，この申立年月日は，後述するように，実務上，請求債権の遅延損害金等の金額を画する機能を有することになります。

(2) 債権者及び債務者の氏名及び住所（規則21条1号）

　申立債権者である「三浦小枝子」の郵便番号や住所に加え，「債権者　三浦小枝子」と記載し（規則21条1号），氏名の横に押印します（規則15条の2による民訴規則2条1項柱書の準用）。「三浦小枝子」の氏名については，記名でも問題はないのですが，司法書士としては，申立債権者の申立意思確認のため，署名してもらうことが望ましいでしょう。さらに，一般的には，「三浦小枝子」の電話番号やFAX番号も記載します。

　そして，申立書作成者を明確にするために「司法書士高宮良一郎」の事務所住所と「申立書作成者　司法書士高宮良一郎」と記載し，その横に職印を押印するべきでしょう（司法書士規則28条1項参照）。もちろん，申立債権者はあくまでも「三浦小枝子」ですが，申立書の不備や添付書類が不足していた場合等，実務上，申立書を作成した司法書士に執行官室から問い合わせの連絡があるこ

とも多いので，司法書士事務所の電話番号及びFAX番号も記載すべきでしょう。

次に，債務者である「三好敬二」の住所と郵便番号に加え，債務者の氏名として「債務者　三好敬二」と記載します（規則21条1号）。

(3) 債務名義の表示（規則21条2号）

ストーリーのように債務名義が確定判決（法22条1号）の場合には，「つかさ簡易裁判所平成24年（ハ）第375号判決」と記載します。

(4) 強制執行の目的とする財産の表示及び求める強制執行の方法（規則21条3号）

強制執行の目的とする財産は「動産」であり，求める強制執行の方法としては「動産執行」ですので，「執行の目的及び執行の方法」として「動産執行（家財・商品類・機械・貴金属・その他）」などと記載します。

(5) 差し押さえるべき動産が所在する場所（規則99条）

【動産執行の概要】の「3．動産執行の手続の流れ」の「(1)　強制執行の申立て」（193ページ）で述べたとおり，動産執行においては，その対象となる個々の動産を特定することは困難であるため，動産が所在する場所を特定すれば足りると解されていますので，動産の所在場所として「三好敬二」の自宅の住所を記載します。

(6) 請求金額

請求金額については，総額を記載したうえで，「(内訳は別紙のとおり)」として，別紙で「請求金額計算書」を作成し，「元金」として「金100万円（全額）」，「損害金」として「(下記の(1)及び(2)の損害金の合計額)　(1)　上記元金のうち金50万円に対する平成24年9月1日から平成25年9月××日まで年6％の割合による損害金○○円　(2)　上記元金のうち金50万円に対する平成24年10月1日から平成25年9月××日まで年6％の割合による損害金○○円」「金○

○○○円」のように記載します。

　なお，【動産執行の概要】の「3．動産執行の手続の流れ」の「(4)　超過差押えの禁止・無剰余差押えの禁止」(195ページ)にあるとおり，動産執行においては，差押債権者の請求債権及び執行費用の弁済に必要な限度を超えて，所在場所にある動産を差し押さえてはならないとされていますが（超過差押えの禁止，法128条1項)，実務では，この「超過差押えの禁止」を考慮して，利息や損害金等の附帯請求については，「申立日までの分まで」という取扱いとなっています（園部『民事執行の実務（下）』120頁参照)。そのため，上記「平成25年9月××日」は，前記(1)の「申立年月日」を記載することになります。

　さらに，「金銭の支払を目的とする債権についての強制執行にあっては，執行費用は，その執行手続において，債務名義を要しないで，同時に，取り立てることができる。」(法42条2項)ため，執行費用として，①申立書作成及び提出費用，②執行文交付費用，③送達証明書交付費用，④資格証明書交付費用，などがあります。執行費用の範囲については執行官が判断します（『執行官実務の手引』54頁参照）から，動産執行を申し立てる前に執行官の所属する地方裁判所の執行官室に問い合わせて確認してください。

(7)　添付書類の表示（規則15条の2による民訴規則2条1項3号の準用）

　添付書類の表示として，「1　執行力のある債務名義の正本」，「2　送達証明書」，「3　債務者に関する調査表」（【記載例9】参考）などと記載します。

(8)　差押調書謄本の交付を求める旨

　【動産執行の概要】の「3．動産執行の手続の流れ」の「(6)　差押調書の作成」(197ページ）にて述べたとおり，差押債権者が差押調書謄本の交付を求める場合には，強制執行申立書にその旨の記載をしておけば，動産差押えの実施後に差押調書謄本が郵送等の適宜の方法で交付されるため，「執行調書謄本を関係人に交付してください。」のように記載します。

【記載例9】 動産執行申立書

強制執行申立書	受付印		
首都地方裁判所　執行官室　御中　　　平成25年9月××日	予納金　　円	担当	区

〒123-4567　首都県つかさ市中央二丁目3番4号
　　　債　権　者　　三　浦　小　枝　子　　　　　　　　　　㊞
　　　　　　　　　ＴＥＬ　　（　　）　　　ＦＡＸ　　（　　）

〒123-4567　首都県つかさ市中央一丁目2番3号
　　　　　　　　きさらぎ法務事務所（送達場所）
　（申立書作成者）　司法書士　高　宮　良　一　郎（送達受取人）　㊞
　　　　　　　　　ＴＥＬ　　（　　）　　　ＦＡＸ　　（　　）

〒123-4568　首都県つかさ市本町三丁目4番5号
　　　債　務　者　　三　好　敬　二

執行の目的及び執行の方法	動産執行（家財・商品類・機械・貴金属・その他）

目的地の所在地（住居表示で記載する）
　☑　上記債務者の住所
　□

債務名義の表示
　☑　つかさ簡易裁判所　平成24年（ハ）第375号　判決
　□　　　法務局所属公証人　　作成　平成　　年第　　　号執行証書

請求金額　　金○○○万○○○○円（内訳は別紙のとおり）

添付書類	1　執行の立会い　　□ 無　☑ 有
1　執行力のある債務名義の正本　1通	2　執行の日時　　　○月○○日希望
2　送達証明書　　　　　　　　　1通	3　執行日時の通知　□ 否　☑ 要
3　債務者に関する調査表　　　　1通	4　同時送達の申立て　☑ 無　□ 有
4	5

☑　執行調書謄本を関係人に交付してください。
□　事件終了後，債務名義正本・送達証明書を返還してください。
　　　　　　　　　　　　　債　権　者　　三　浦　小　枝　子　　　　㊞

【記載例9】 動産執行申立書

<table>
<tr><td colspan="2" align="center">請求金額計算書</td></tr>
<tr><td align="center">摘　　　要</td><td align="center">金　額（円）</td></tr>
<tr><td>元　金（全額）</td><td>金１００万円</td></tr>
<tr><td>損害金（下記の(1)及び(2)の損害金の合計額）
(1)　上記元金のうち金５０万円に対する平成２４年９月１日から平成２５年９月××日まで年６％の割合による損害金○○円
(2)　上記元金のうち金５０万円に対する平成２４年１０月１日から平成２５年９月××日まで年６％の割合による損害金○○円</td><td>金○○○○円</td></tr>
<tr><td>支払督促手続費用</td><td></td></tr>
<tr><td>仮執行宣言手続費用</td><td></td></tr>
<tr><td>執行準備費用（内訳下記のとおり）</td><td>金１４５０円</td></tr>
<tr><td>☑　申立書作成及び提出費用</td><td>金１０００円</td></tr>
<tr><td>☑　執行文交付費用</td><td>金３００円</td></tr>
<tr><td>☑　送達証明書交付費用</td><td>金１５０円</td></tr>
<tr><td>☐</td><td></td></tr>
<tr><td align="center">合　計　　金○○○万○○○○円</td><td></td></tr>
<tr><td>備　考</td><td></td></tr>
</table>

【記載例9】 債務者に関する調査表

債務者に関する調査表

ふりがな	みよし　けいじ	男・女	年　令	在　宅　状　況
氏　名	三　好　敬　二		○○歳	平日の午前中及び休日は在宅している様子である。

職　業
「三好リフォーム企画」の屋号にて建設業を営んでいる。 また，「株式会社あけぼの宅建学院」にて講師のアルバイトをしている。

同居の家族等の状況

同居者氏名	続　柄	年　令	職　業	在宅時間

目的物件所在地（執行場所）の略図　　別紙住宅地図のとおり

第14章 出張調査

　小枝子が初めて訪ねてきた平成24年の11月から1年以上も過ぎた平成26年1月の，木枯らしが吹く寒い日のことであった。
　良一郎は，翌日に控えた不動産売買の代金決済の準備を進めていた。司法書士にとっては，売買の立会いは重要な業務のひとつで，売主名義の不動産を間違いなく買主の所有とするまでの登記ができるようにしなければならない。決済の当日は，司法書士が本人の確認と登記書類を確認してからGOサインを出すことで数千万円からのお金が動くのであるから，その責任は重大である。ただ，今回の立会いは，陽次が事前準備をかなり手伝ってくれていたので，良一郎は最終確認をするだけだった。
　亜沙美は，すっかり事務所の業務を覚えて，もう陽次の手を煩わせることも少なくなっていた。陽次はというと，亜沙美の素朴な質問に追われるようになったことが功を奏してか，昨年の司法書士試験に見事合格することができ，もう間もなく司法書士登録を済ませて，晴れて本職となる日を待つばかりとなっていた。
　良一郎は，陽次が正式に司法書士となったときは，事務所の「司法書士きさらぎ法務事務所」という正式名称を変更しようと考えて陽次と亜沙美に提案したが，二人とも，「このままがいい」という答えだった。司法書士という業務は不動産，特に土地の所在と同様に，長く同じところで仕事をするのが依頼者にとっての安心感に繋がる。事務所の名称を変えないことを選んだ陽次も亜沙美も，この点を重視してくれたからに違いない。良一郎は，二人の思いやりに感謝していた。

亜沙美が黙々と自分の仕事を片づけていると，1本の電話がかかってきた。
「はい。きさらぎ法務事務所でございます。」
いつものように亜沙美が出ると，時々決済案件の紹介をしてくれる加藤不動産の加藤社長だった。
「来週お願いしている決済の件なんですが，ちょっとトラブルがありまして…。」
加藤がいきなりトラブルの話を始めたので，いつもは少し雑談をする亜沙美だったが，あわてて電話を良一郎に渡した。
「高宮です。お世話様です。」
「お世話になります。先生，来週の決済なんですが，困ったことが起こりまして。」
「どうしました？」
「実は，売主の中村様が出先で交通事故に巻き込まれて，骨折して手術を受けたと奥様から連絡が入ったんです。幸いにも手術はうまくいったとのことでしたが，ちょっとしばらくは動けないようなんですよ。」
「それはたいへんでしたね。じゃ，決済は延期ですか？」
「いえ。実は，買主の根本様のほうが買い替えなものですから，延期になると今お住まいの根本様のご自宅の売買も遅れてしまうから困るんです。中村様の奥様がおっしゃるには，なんとか自分が夫の代理で行くことはできないか，ということなんですが，いかがでしょうか？」
「わかりました。ただ，売主の中村様にはお目にかからないわけにはいきませんので，病院へお伺いできますかね？」
「その点は大丈夫です。ただ，病院がちょっと遠方なので…」
「どちらに入院されているんですか？」
「牧野山市の遠藤総合病院です。」
「牧野山…。」
良一郎がつぶやくと，陽次も亜沙美も顔を上げた。

「わかりました！　では，お伺いしますので，日程調整していただけますか？」急に良一郎の声が大きくなった。

電話を切ると，陽次が早速聞いてきた。

「先生，牧野山って？」

「来週の決済の売主さんが牧野山の病院に入院してしまったそうで，決済は予定どおりだから本人確認に行くことになったんだ。」

「偶然ですね。でも，せっかく牧野山まで行かれるのなら…」

亜沙美が言うと，良一郎はもう決めていた。

「もちろんさ。ついでだからメゾン三好も見てくるよ。」

加藤に任せた日程調整はすぐに手配され，電話をもらった２日後に，良一郎は，陽次が運転する車で牧野山へ向かって高速道路を走っていた。事務所の留守を亜沙美に任せることができるようになって，陽次は現場に行くことが多くなり，事務所も効率的に運用できるようになっている。

「天気がよくてよかったですね。」

陽次は，久しぶりに遠方へ出かける仕事で楽しそうだった。

「そうだね。売主の中村さんに署名と押印をもらう書類は忘れていないよね？」

「もちろんですよ。権利証がなくても本人確認情報が作れるように下書きした書類も，それから署名押印した書類の預かり証も用意してありますから。」

「そりゃ，準備万端だね。陽次ももう決済ができる司法書士だな。今日は，奥様が実印とか印鑑証明書なんかを用意して先に病院で待っていてくれるそうだから，そんなに時間もかからないだろう。」

「そうしたら，メゾン三好へ直行ですね。楽しみだなぁ。」

「まず先に，今日の目的は病院で中村さんの本人確認と所有権移転登記の意思確認なんだからね。気を抜いちゃいけないよ。」

「わかっていますって。でも，本当に偶然ですよね，売主さんの入院先が

メゾン三好と同じ牧野山だなんて。それに，交通事故も骨折だけで済んでよかったですよ。」
「そうだよね。万が一，意識不明にでもなってしまっていたらたいへんなところだったよ。」
「ほんとにそうですよね。もし，売主さんが意思表示できなくなったとしたら，決済どころじゃなくなりますからね。」
「うん。交通費もけっこうかかるけど，売主さんと三浦さんで，費用負担も折半にさせてもらおうと思うんだ。三浦さんにもOKもらったから堂々と調査できる。よかったよ。これでなにか収穫があるといいね。」

やがて陽次の運転する車は，約束した時間に遅れることなく病院へとたどりついた。良一郎と陽次は，車を止めてから遠藤総合病院の1階ロビーで中村の妻と会い，軽く挨拶をしたあとに病室へと案内された。中村は，思いのほか元気だったが，大腿骨を骨折しており，手術してからまだ間もないのでベッドの柵に括りつけられた鉄の棒に挟まれて腰のあたりまで固定されていた。良一郎たちは病室に入ると，見るからに気の毒な姿の中村が，ベッドを少し起こしてくれた。
「たいへんなときに申し訳ありません。司法書士の高宮です。できるだけ早く済ませますから。」
良一郎は，名刺を渡すだけの挨拶を済ませると，早速翌週に迫った不動産の売買についての流れをごく簡単に説明し，委任状などの必要書類になんとか署名をもらった。実印は妻が用意してきてくれていたので，良一郎は妻に押してもらうこととし，売買に必要な書類は陽次が預かって確認をした。
「先生，書類は大丈夫です。」
「わかった。では，中村さん，これは本日お預かりした書類の受領証です。当日は奥様に来ていただいて，不動産の引渡しとか売買代金などの受取りを代わりにやっていただきますが，なにかご心配のことはあります

か?」
「いえ。大丈夫です。ご迷惑をおかけしてすみませんでした。ちょっと失礼して…。」
　中村は，動けない身体がきついのか，リモコンのボタンを押してベッドを平らに戻した。その様子を見て，良一郎はすぐに察した。
「お身体がたいへんなときにこちらこそ申し訳ありませんでした。では，これで失礼いたします。どうぞお大事になさってください。」
　良一郎と陽次は，早々に病室を出ると，中村の妻に見送られながら車に戻り，次の目的地であるメゾン三好に向かって走り出した。

　メゾン三好は，遠藤総合病院から車で30分ほどの市道沿いにあったが，龍美飯店が目印だったから，見つけるのに苦労はしなかった。良一郎は，どのように調査をするのかは現場に来てから考えようと思っていたのだが，メゾン三好の斜め向かいに大きな駐車場のあるドラッグストアを見つけたので，ここに車を止めた。ガラス越しにコピー機が見えたからだ。
「悪いけど，店に入って今日の書類のコピーを取ってきてよ。それと，のどが渇いたから缶コーヒーを2つね。ぼくはちょっと歩いてくるから。」
「わかりました。ついでに中からメゾン三好をチェックしてみます。」
　陽次がカバンを持って車を降りて店に入ると，すぐ右手にコピー機があった。ガラス越しにちょうどメゾン三好が見える。陽次は，さっき病院で預かってきた売主の書類のコピーをとりながら，建物全体をチェックした。2階には2部屋，右側の部屋には洗濯ものが干してある。左側の部屋にはブラインドがかかっているが，あまり生活感のない感じがした。3階は，2部屋ともカーテンが閉まっていて少なくとも誰かが住んでいるような様子が見て取れた。
　一方，良一郎は，市道を渡ってメゾン三好の横の道からゆっくり歩きながら建物のわきにある階段の踊り場に見えた集合ポストのあたりをチェックした。普通サイズのポストが4部屋分と，大きいサイズのポストが1つ

あって，それぞれに白いプレートがついていた。大きいサイズのポストはおそらく「龍美飯店」のもので，その他が２階と３階の部屋のものではないかと良一郎は思った。最近は，ポストには部屋番号の書いたプレートだけで住人の名前が書いていないことも多いから，もしかしたら住人の名前はわからないかもしれない。無駄足にならなければいいが，と思いながら，良一郎は市道を渡って車に戻り，助手席に滑り込んだ。

　ちょうどそこに，陽次が缶コーヒーと菓子パンが入った袋をぶら下げて店を出てきた。陽次は，車の運転席に座ると，袋の中からメロンパンとカレーパンを１つずつ取り出した。
「おいおい。まるで刑事ドラマの張り込みだな。」
　良一郎は，苦笑いしながらメロンパンを選び，缶コーヒーを取った。
「やっぱり。先生はメロンパンを選ぶと思いましたよ。昔と変わりませんね。」
　良一郎は，子供のころからメロンパンが大好きだった。
「陽次だって昔からカレーパンが大好きだったじゃないか。」
　ふたりは，笑いながらパンをかじり，コーヒーを飲んだ。
「で，中からは見えた？」
「はい。うまい具合にコピー機の向こうにちょうどメゾン三好が見えたんですよ。２階の右側は，誰か住んでいますね。左側はブラインドがかかっていて，どうも生活感があまりない感じです。３階は２部屋とも誰か住んでいます。」
「そうか。じゃ，満室なわけだ。あとは，階段横のポストで借主が特定できるか，だな。」
「龍美飯店の家賃が一番高いでしょうから，ベストなんですけどねぇ。」
「街の中華屋さんは，屋号が多いからね。ポストに会社名とか個人名が書いてあるといいんだけど。よし，行こうか！」

良一郎と陽次は，車を出て市道を渡り，階段横のポストに向かって行った。陽次が周囲に人がいないことを確認してあたりを見回している間に，良一郎はポストの白いプレートをチェックした。陽次はチラっと大きいポストのプレートを見たが，案の定「龍美飯店」とだけ書いてあって店の名前しかなかった。陽次はふたたびあたりを見ながら言った。
「先生，やっぱり屋号でしたね。」
「陽次，見ろよ。202号室は２階の左側だと思うんだけど，会社が入っているぞ。」
　陽次は，良一郎が指をさしたポストのプレートを見た。
「株式会社菱谷ラボラトリー…。生活感がないわけですね。」
「その他は，どれも部屋番号だけだからだめだね。きっと個人が住んでいるんだろう。」
　陽次は，すでにスマホを手に持っていたので，素早く写真を撮った。
「先生，写真撮りましたから，もう行きましょう。」
「そうだね。」
　良一郎は，陽次に促されて，ふたたび市道を渡ってドラッグストアの駐車場に戻って行った。

　車に乗り込むと陽次が自慢げに良一郎に言った。
「先生は，やっぱり調査がへたくそですね。」
「なんだよ，それ。」
「だって，周囲に人がいないことを確認もしないでポストにまっしぐらだったじゃないですか。」
「そ，そんなことないよ。」
「ぼく由美さんから聞いちゃったんですから。中央医療センターに三好の調査に行ったときの話…。」
　良一郎にとっては，つかさ市立中央医療センターの調査はにがい経験だった。由美は確かにうまく情報を聞き出してくれた。しかし，良一郎は

ろくに言葉を発することなく，ただおまけでついて行っただけのようになってしまったのだ。
「陽次だって，永岡さんに教えてもらったようなもんだろう？」
「そこで反撃しますかねぇ。」
良一郎も陽次も大いに収穫があったせいで，言葉も気持ちも軽かった。

第15章 家賃差押

　牧野山市での調査の翌日，亜沙美が事務所に出ると，陽次がいつもより早めに事務所に出て，すでにパソコンを立ち上げていた。
「センパイ，おはようございます。早いんですね。」
「おはよう。昨日はお留守番，ご苦労さんだったね。」
「いいえ。昨日はめずらしく電話が少なかったから助かりました。それで，どうでした，メゾン三好は？」
「うん。大収穫だったよ。」
「龍美飯店ですか？」
「いや，龍美飯店は屋号だった。ポストには経営者の名前もなかったから，賃借人が誰かわからなかったんだ。」
「そうですか。じゃ，ほかに誰か？」
「うん。それがね，2階に会社が入っていたんだよ。」
　陽次は，ニッコリと笑いながら答えた。
「それで，センパイ，会社の登記情報を取っているんですね？」
　そこへ，良一郎が事務所に出てきた。やはりいつもよりも，10分早い。
「おはよう。早いね，陽次。おっ，なんだ，永岡さんにも負けちゃった。結局，いつもと同じで，ぼくがビリか。」
　良一郎は，少し高揚したように軽口を叩くと，早速陽次に尋ねた。
「で，どうだい？」
「おはようございます。株式会社菱谷ラボラトリー，ありましたよ。本店もメゾン三好で間違いないです。パソコンのソフトを開発しているIT関

連のベンチャー企業みたいですね。」
「そうか。よかった。これで回収できるかもしれないぞ。早速三浦さんに報告しよう。陽次は，菱谷ラボラトリーの履歴事項証明書の手配を頼むね。」

　良一郎は，すぐに小枝子へ電話を入れた。
「三浦さん，牧野山市の三好のマンションにいい借主をつかみましたよ。」
「先生。遠方までどうもありがとうございました。で，いい借主とおっしゃいますと？」
「会社が入っていたんです。」
「会社？」
「そうです。株式会社菱谷ラボラトリーという会社なんですが，ちゃんと会社の登記もされていますから，まず間違いなく家賃を支払っている借主だと思いますよ。」
「本当ですか？　じゃ，もしかしたらうまくいくかもしれないんですね？」
　思いもよらない結果に小枝子の声は弾んでいた。あきらめかけた100万円が戻るかもしれないのである。
「そうです。うまくいけば，ではありますが，やる価値は十分あると思います。三浦さん，どうしますか，やりますか？」
「はい。お願いします。」
　良一郎は，申立書を作る時間的な余裕を考えて，翌週の火曜日に小枝子に事務所まできてもらうことにした。
　約束の日，小枝子は予定の時刻よりも10分早く事務所にやってきた。玄関で亜沙美に迎えられた小枝子は，応接室に入る前から亜沙美とおしゃべりを始めていた。
「今度もあなたが牧野山まで行ってくださったの？」
「いいえ。残念ながら私はお留守番でした。」
「じゃ，今回はどなたが？」

「はい。先生とセンパイが二人で。」
「まぁ，そうだったんですか。それにしてもよく借主の会社がわかりましたよねぇ。」
「ここだけの話なんですけれど，高宮は人目もはばからずに郵便ポストのプレートに釘付けだったそうですよ。」
「あら，じゃ高宮先生はあまり探偵向きじゃないのかしらね。周囲に気を配るのは探偵の基本ですものね。」

ドアのところで聞いていた良一郎は，少しオーバーにむっとしたような顔をしたが，すぐにニッコリしながら二人の会話に割って入った。
「永岡さん，秘密を暴露しちゃいけないよ。個人情報だぞ。」

亜沙美は，「すみません，ふふふ。」と言いながら部屋を出て行った。

良一郎は，牧野山でのメゾン三好の調査結果を小枝子に詳しく報告した。そして，用意した申立書を見せながら今回の差押えでは第三債務者が株式会社菱谷ラボラトリーであること，家賃を差し押さえるので毎月家賃と同額の分割払いになることなどを説明したうえで，署名押印をもらった。
「それにしても先生，牧野山まで日帰りだなんて。遠方までご足労をおかけして，申し訳ありませんでした。」
「いえ，いえ。これでうまくいけばラッキーですよ。吉報を待ちましょう。」

こうして良一郎は，ふたたび債権差押命令申立書を首都地方裁判所へ提出した。もしもこの家賃差押えが功を奏すれば回収できる確率はかない高い。良一郎は祈るような気持ちだった。

今回の申立書類には不備がなかったようで，裁判所から追完の連絡はなかった。家賃差押えの申立てをしてから10日ほどした後，良一郎のもとへ1本の電話がかかってきた。
「はい。きさらぎ法務事務所でございます。」

いつものように亜沙美が電話に出ると，少しおびえたような女性の声だった。

「あのう，菱谷ラボラトリーという会社の者ですが，裁判所から意味がわからない書類が届いたのですが…。」

亜沙美は，すぐに要件を察知して，少しお待ちください，と言いながら良一郎に電話を代わった。

「はい，司法書士の高宮です。」

「私は，牧野山市の菱谷ラボラトリーで経理を担当している田中と申します。首都地方裁判所から家賃を差し押えるという手紙が届きまして…三浦小枝子さんの電話番号があったのでお電話しましたら，そちらに連絡するように言われたんですが，なにをどうしたらいいのか…。」

「ご連絡ありがとうございます。念のためちょっと確認させていただきたいのですが，御社は，メゾン三好の202号室を借りていらっしゃいますよね？」

「はい。」

「大家さんは三好敬二さんで間違いないですか？」

「間違いないです。」

「裁判所からの書面に，三浦さんが債権者で，債務者として大家さんの三好敬二さんのお名前がありますよね？」

「あ，はい。」

「三浦さんは，三好さんから100万円を返してもらう権利があるという判決を取ったんですが，三好さんが支払ってくれないんですよ。だから，御社が三好さんに毎月支払う家賃を返済額になるまで，三浦さんに直接支払ってもらいたい，ということで裁判所に申立てをしたわけです。」

「はあ。」

「ところで，御社の家賃はいくらでしょうか？」

「月10万円です。」

「毎月，月末に翌月分を支払うという契約でしょうか？」

「そうです。」

「それでは，裁判所からの書面の中に差押債権目録というのがあると思い

ますが，そこに書いてある金額になるまで，毎月の家賃を三好さんではなく三浦さんへ振り込んでもらえますか？」

「わかりました。それから，裁判所からの書類に陳述書というのが入っていたんですが，これはどうしたらいいですか？」

「陳述書には，メゾン三好の家賃が月10万円で，債権者に支払うという内容で裁判所へ提出してください。」

「支払っていただくのはまだ少しあとになりますので，追って，支払方法と振込先口座を書面でお知らせします。」

「それだけですか？ 要するに，振込先が一時変更になるだけでいいということですか？」

「そうです。ところで，つかぬことを伺いますが，会社の本店移転のご予定はありますか？」

「いえ。まだ会社ができて3年なんです。もう少し軌道に乗るまではそんなに簡単に本社を動かすなんてできません。だいいち，契約を更新してまだ半年ですから。」

「それはありがたいです。じゃ，11カ月間になると思いますが，大丈夫そうですね。しばらくご不便をおかけしますが，どうぞよろしくお願いします。」

「あぁ，よかった！ うちが悪いことをしたのかと思って驚いちゃいました。」

「驚かせてしまってすみませんでしたね。ご連絡ありがとうございました。」

　電話を切ってから，良一郎が，親指を立ててガッツポーズをすると，陽次と亜沙美がそれを見て，両手でハイタッチをして喜んだ。良一郎は，すぐに小枝子に連絡を入れた。

「三浦さん，当たりましたね！ 菱谷ラボラトリーから連絡があって確認しましたよ。」

「突然の電話だったからちょっと驚いたんですが，先日お話のあった会社だと思って先生に連絡してもらうように言ったんですよ。それじゃ，100万円は戻ってくるわけですね？」

「はい。菱谷ラボラトリーの家賃は10万円だそうです。家賃の先払いをしてもらうわけにはいきませんから，一括ではないですけれど，10万円の10回払いと最後に損害金などの分を11回目に振り込んでもらうことになります。」

「分割でもなんでもいいですよ。良かったぁ。ありがとうございます。」

小枝子が，興奮気味に弾んだ声でそう言った。

「会社はしばらく動く予定はないそうですから，大丈夫じゃないでしょうかね。それで，振込先は直接三浦さんにしてもらったほうがいいでしょうから，銀行の口座を決めて教えてください。菱谷ラボラトリーへ通知しますから。」

「はい。今手元に通帳がないので，振込口座はまたお電話でお知らせします。それにしても，先生や事務所の方にはご尽力いただいて本当にありがとうございました。おかげさまで息子を安心させることができますわ。息子夫婦はリフォームしようとしたのが自分たちのせいだと思って責任を感じていたようなんですよ。早速喜ばせてあげなくちゃ。」

小枝子の喜びようは半端なものではなかったが，その気持ちは良一郎も同じだった。

関連解説⑩　債権執行の申立て（賃料債権）

　ストーリーでは、「司法書士高宮良一郎」が「三浦小枝子」から、「三好敬二」が「牧野山市」に所有しているアパート「メゾン三好」の2階202号室を賃借している「株式会社菱谷ラボラトリー」の賃料債権に対する債権差押命令申立書の作成の委託を受けました。

　そこで、ここでは、司法書士が賃料債権に対する債権差押命令申立書を作成する場合について説明していくことにします。

1．申立てをする前に

　賃料債権に対する債権差押命令を申し立てる際には、特に次の2点について検討しておくべきでしょう。

(1) 賃借人について

　賃料債権に対する債権差押命令を申し立てる場合には、まず、賃借人が誰かということが一番の問題となります。

　昔は、アパートの集合ポスト等に表札が掲げられることが一般的でしたが、ここ数年の市民の個人情報に対する意識の高まりなどにより、現在では、集合ポストに表札が掲げられることはむしろ珍しくなりました。そのため、誰が賃借人であるかを外部から調査することは困難となってきています。

　この点、ストーリーでは、「メゾン三好」の2階202号室に「株式会社菱谷ラボラトリー」が賃借していますが、このように賃借人が会社法人等である場合には、営業上の理由などから表札を掲げている可能性が高いため、賃料債権に対する債権差押命令を申し立てることもできるのではないかと思います。いずれにしても、司法書士としては、申立債権者からそのような事情を知っているかを聴取するとともに、現地調査をして賃借人を確認すべきでしょう。

(2) 賃貸借契約の終了等について

【債権執行の概要】の「3．債権執行の手続の流れ」の「(3)　差押命令の発令及び送達等」(148ページ) にて述べたとおり，債権差押命令が発令されると，債務者は，債権の取立てその他の処分を禁止されますが (法145条1項)，被差押債権の基礎となる法律関係自体の処分は，原則として妨げられません。すなわち，被差押債権が賃料債権の場合，第三債務者である賃借人の賃料不払い等の債務不履行を理由として債務者である賃貸人が賃貸借契約を解除することは可能であり，また，賃貸人が賃借人に賃貸建物を譲渡したことによって賃貸借契約が終了した場合には，「その終了が賃料債権の差押えの効力発生後であっても，賃貸人と賃借人との人的関係，当該建物を譲渡するに至った経緯及び態様その他の諸般の事情に照らして，賃借人において賃料債権が発生しないことを主張することが信義則上許されないなどの特段の事情がない限り，差押債権者は，第三債務者である賃借人から，当該譲渡後に支払期の到来する賃料債権を取り立てることができない」と解されています (最高裁平成24年9月4日第三小法廷判決：集民241巻63頁・裁判所Web等)。

そのため，司法書士としては，賃料債権に対する債権差押命令申立書の作成の受託を受けるに際しては，債権差押命令の効力は，賃借人が退去する等により賃貸借契約が終了してしまえば効力を失うことを申立債権者によく説明し，理解してもらう必要があるでしょう。

なお，既発生の賃料債権ではなく，将来発生する賃料債権については，賃借人が賃借物を使用収益しなければ発生しない債権であることと，使用収益をするまでは金額も確定しないことから，「転付命令」(法159条1項) を申し立てることはできないと解されています (大審院大正14年7月10日判決：大民集4巻629頁参照) ので，注意してください。

2．債権差押命令申立書の作成

賃料債権に対する債権差押命令を申し立てるには，債権差押命令申立書を作

成しますが（規則1条），そのほかにいくつかの添付書類が必要となります。

債権の処分は極めて容易であり，債務者が被差押債権を処分してしまうことを防止する必要があるため，債権差押命令においては，裁判所は，債務者及び第三債務者を審尋することなしに，申立書の記載や添付書類のみから形式的に判断して債権差押命令を発令します（法145条2項，『新基本法コンメンタール民事執行法』359頁参照）。そのため，後述するとおり，特に申立書の記載事項については，実務上，細かい点まで正確に記載することが求められています。

では，実際に「株式会社菱谷ラボラトリー」の「メゾン三好」の賃料債権に対する債権差押命令申立書を作成していくことにしましょう。

3．賃料債権に対する債権差押命令申立書の添付書類及び取得方法

まずは，添付書類から確認していくこととします。

(1) 執行力のある債務名義の正本（規則21条）

預金債権に対する債権差押命令申立書を作成する場合と同様ですので，【債権執行の申立て（預金債権）】の「3．預金債権に対する債権差押命令申立書の添付書類及び取得方法」の「(1) 執行力のある債務名義の正本」（159ページ）を参照してください。

(2) 送達証明書

預金債権に対する債権差押命令申立書を作成する場合と同様ですので，【債権執行の申立て（預金債権）】の「3．預金債権に対する債権差押命令申立書の添付書類及び取得方法」の「(2) 送達証明書」（160ページ）を参照してください。

(3) 第三債務者の登記事項証明書等（規則15条の２による民訴規則18条及び15条の準用）

　賃料債権に対する債権差押命令では，ストーリーのように第三債務者である賃借人が会社法人等の場合のほうがむしろ少ないかもしれません。ただ，賃借人が会社法人等の場合には，代表者の資格を証するため，会社法人等の登記事項証明書が必要となります。ストーリーでは，「株式会社菱谷ラボラトリー」の登記事項証明書を取得することになるわけです。

　なお，会社法人等の登記事項証明書等の取得方法，債務者及び申立債権者が会社法人等である場合，その登記事項証明書等の書類の期限等については，預金債権に対する債権差押命令申立書を作成する場合と同様ですので，【債権執行の申立て（預金債権）】の「３．預金債権に対する債権差押命令申立書の添付書類及び取得方法」の「(3)　第三債務者の登記事項証明書等」（160ページ）を参照してください。

(4) 債務者等の住民票，戸籍の附票等

　預金債権に対する債権差押命令申立書を作成する場合と同様ですので，【債権執行の申立て（預金債権）】の「３．預金債権に対する債権差押命令申立書の添付書類及び取得方法」の「(4)　債務者等の住民票，戸籍の附票等」（161ページ）を参照してください。

(5) 郵便切手（予納郵券）及び申立債権者等宛の封筒，申立手数料

　預金債権に対する債権差押命令申立書を作成する場合と同様ですので，【債権執行の申立て（預金債権）】の「３．預金債権に対する債権差押命令申立書の添付書類及び取得方法」の「(5)　郵便切手（予納郵券）及び申立債権者等宛の封筒，申立手数料」（161ページ）を参照してください。

(6) 各目録その他

　預金債権に対する債権差押命令申立書を作成する場合と同様ですので，【債

権執行の申立て（預金債権）】の「3．預金債権に対する債権差押命令申立書の添付書類及び取得方法」の「(6)　各目録その他」（162ページ）を参照してください。

4．債権差押命令申立書の記載事項

　申立ての添付書類が揃ったところで，次に「株式会社菱谷ラボラトリー」の「メゾン三好」の賃料債権に対する債権差押命令申立書を作成していくことにしましょう。具体的な記載については，【記載例10】を参考にしてください。

　なお，債権差押命令の申立書を「債権差押命令申立書」ほか4部構成とすることや契印（割印）などについては，預金債権に対する債権差押命令申立書を作成する場合と同様です。

(1)　「債権差押命令申立書」の記載事項

　預金債権に対する債権差押命令申立書を作成する場合と同様ですので，【債権執行の申立て（預金債権）】の「4．債権差押命令申立書の記載事項」の「(1)　「債権差押命令申立書」の記載事項」（163ページ）を参照してください。

(2)　「当事者目録」の記載事項

　第三債務者である「株式会社菱谷ラボラトリー」の本店所在地と郵便番号に加え，商号として「株式会社菱谷ラボラトリー」，代表者の資格及び氏名として「代表者代表取締役○○○○」と記載すること（規則133条1項）以外は，預金債権に対する債権差押命令申立書を作成する場合と同様です。

　そこで，【債権執行の申立て（預金債権）】の「4．債権差押命令申立書の記載事項」の「(2)　「当事者目録」の記載事項」（165ページ）を参照してください。

(3)　「請求債権目録」の記載事項

　預金債権に対する債権差押命令申立書を作成する場合と同様ですので，【債

権執行の申立て（預金債権）】の「４．債権差押命令申立書の記載事項」の「(3)「請求債権目録」の記載事項」(165ページ) を参照してください。

(4) 「差押債権目録」の記載事項

　賃料債権に対する債権差押命令の場合，「差押債権目録」には，「請求債権目録」に記載した合計額を「金〇〇〇万〇〇〇〇円」と記載したうえで，「ただし，債務者が第三債務者に対して有する下記物件の賃料債権にして，本命令送達日以降支払期の到来する分から，頭書金額に満つるまで。」のように記載し，「記」として【記載例10】にあるとおりに，「物件の表示」として「メゾン三好」の所在地に加え，「メゾン三好　２階202号室」のように名称・部屋番号等にて賃貸物件を特定します（『民事執行の実務・債権執行編（上）』116頁参照）。

【記載例10】　債権差押命令申立書（賃料債権）

債権差押命令申立書

首都地方裁判所民事第3部債権執行係　　御　中

平成26年2月××日

　　　　　　　　　　〒123－4567　首都県つかさ市中央二丁目3番4号
　　　　　　　　　　申立債権者　　三　浦　小　枝　子　　　　㊞
　　　　　　　　　　　　　　　　　ＴＥＬ　〇〇〇（〇〇〇）〇〇〇〇
　　　　　　　　　　　　　　　　　ＦＡＸ　〇〇〇（〇〇〇）〇〇〇〇

　　　　　　　　　　（申立書作成者）
　　　　　　　　　　〒123－4567　首都県つかさ市中央一丁目2番3号
　　　　　　　　　　　　　　　　　きさらぎ法務事務所
　　　　　　　　　　　　　　　　　司法書士　高　宮　良　一　郎　　㊞
　　　　　　　　　　　　　　　　　ＴＥＬ　〇〇〇（〇〇〇）〇〇〇〇
　　　　　　　　　　　　　　　　　ＦＡＸ　〇〇〇（〇〇〇）〇〇〇〇

　　　　　　　　　当　事　者　｜
　　　　　　　　　請　求　債　権　｝　別紙目録のとおり
　　　　　　　　　差　押　債　権　｜

　債権者は，債務者に対し，別紙請求債権目録記載の執行力のある債務名義の正本に表示された上記請求債権を有しているが，債務者がその支払をしないので，債務者が第三債務者に対して有する別紙差押債権目録記載の債権の差押命令を求める。

　☑　第三債務者に対し，陳述催告の申立て（民事執行法147条1項）をする。

添　付　書　類
　1　執行力のある債務名義の正本　　　1通
　2　同送達証明書　　　　　　　　　　1通
　3　資格証明書　　　　　　　　　　　1通

【記載例10】 債権差押命令申立書（賃料債権）

当 事 者 目 録

〒１２３－４５６７　首都県つかさ市中央二丁目３番４号
　　　　　　　　　　債　権　者　　三　浦　小　枝　子
　　　　　　　　　　ＴＥＬ　○○○（○○○）○○○○
　　　　　　　　　　ＦＡＸ　○○○（○○○）○○○○
（送達場所）
〒１２３－４５６７　首都県つかさ市中央一丁目２番３号
　　　　　　　　　　きさらぎ法務事務所
（送達受取人）　　　司法書士　　高　宮　良　一　郎

〒１２３－４５６８　首都県つかさ市本町三丁目４番５号
　　　　　　　　　　債　務　者　　三　好　敬　二

〒○○○－○○○○　北園県牧野山市大字西町５３０番地メゾン三好２０２号室
　　　　　　　　　　第三債務者　　株式会社菱谷ラボラトリー
　　　　　　　　　　代表者代表取締役　○　○　○　○

【記載例10】 債権差押命令申立書（賃料債権）

請 求 債 権 目 録

　つかさ簡易裁判所平成２４年（ハ）第３７５号事件の執行力のある判決正本に表示された下記金員及び執行費用

1．元　　　　金　　　金１００万円

2．損　害　金　　　金○○○○円
　　下記(1)及び(2)の損害金の合計額
　　(1)　上記1の元金のうち金５０万円に対する平成２４年９月１日から平成２６年２月××日まで年６％の割合による損害金○○円
　　(2)　上記1の元金のうち金５０万円に対する平成２４年１０月１日から平成２６年２月××日まで年６％の割合による損害金○○円

3．執　行　費　用　　　金○○○○円
　　　（内訳）　本申立手数料　　　　　　　金４０００円
　　　　　　　本申立書作成及び提出費用　　金１０００円
　　　　　　　差押命令正本送達費用　　　　金○○○○円
　　　　　　　資格証明書交付手数料　　　　金　６００円
　　　　　　　送達証明書申請手数料　　　　金　１５０円
　　　　　　　執行文付与申立手数料　　　　金　３００円

　　合　　計　　　　　　金○○○万○○○○円

【記載例10】 債権差押命令申立書（賃料債権）

$$差 押 債 権 目 録$$

金〇〇〇万〇〇〇〇円
　ただし，債務者が第三債務者に対して有する下記物件の賃料債権にして，本命令送達日以降支払期の到来する分から，頭書金額に満つるまで。

$$記$$

（物件の表示）　北園県牧野山市大字西町５３０番地所在
　　　　　　　　メゾン三好２階２０２号室

エピローグ

　翌平成27年の冬，小枝子の事件は，きさらぎ法務事務所ではもう過去の事件になっていた。司法書士登録を済ませた陽次は，時折かかってくる近所の人からの急な相談の電話にも一人で対応できるようになり，良一郎はずいぶんと楽になっていた。

　司法書士業務の全体像や流れをつかんだ亜沙美はというと，すっかり事務所の仕事にも慣れて今や貴重な戦力になっている。不動産登記の仕事も会社の登記の仕事も裁判に関する仕事も，きちんと区別をつけることができ，良一郎も陽次も自分の仕事の片腕として，奪い合うように亜沙美を頼ることも多くなっていた。

　良一郎の妻由美は，去年，長男の良太を生んだ。妊娠中に楽しんでいた通信教育にはとっくに飽きて，今はケーキ教室に没頭している。子育てのかたわら，たまに，良太を連れた由美が自分の焼いたケーキを持って，事務所へ差し入れにやってくるのを陽次も亜沙美も楽しみにしていた。

　遠くから春の香りが運ばれてきたある日，玄関のドアフォンが鳴ったので，亜沙美が出るとそこには久しぶりに小枝子の姿があった。亜沙美は，玄関のドアを開けて小枝子をいつものように応接室に迎え入れた。

「三浦さん，ご無沙汰しております。」

「こちらこそ。その節はいろいろとありがとうございました。突然訪ねてきてしまって，ごめんなさい。先生はお忙しいでしょうか？」

　そこへ，「三浦さん，お元気そうですね。」と言いながら，良一郎が応接室に入ってきた。

「高宮先生，ご無沙汰しております。突然お伺いして申し訳ありません。」
「いえいえ。お元気そうでなによりです。」
「はい。その節は本当にありがとうございました。おかげさまで先月末に菱谷ラボラトリーから最後のお金が振り込まれましたので，そのご報告とご挨拶にお伺いしました。これ，ほんの気持ちですので，みなさんで召し上がってください。」

小枝子は，カラフルな花が飛ぶ春めいた色合いの包装紙に包まれた菓子折りを紙袋から出して良一郎に差し出した。

「これはどうも，お気遣いありがとうございます。じゃ，ありがたく頂戴します。でも，無事に終わってよかったですね。」
「はい。本当に戻ってきたんですよね，100万円。息子たちも喜んでいました。」
「いやぁ，執行はなかなか厳しいことが多いんですが，三浦さんの件はなんとかうまく行きましたよね。菱谷ラボラトリーには支払い終了のお知らせを出しておきましょう。裁判所にも最後の取立完了届を出さなければなりませんので，作成してお送りしますね。」
「お願いします。終了のお知らせを見れば菱谷さんも安心なさるでしょう。それにしてもあの会社も三好に巻き込まれたわけですから，ちょっとお気の毒でしたわね。でも，毎月きちんと遅れずに振り込んでくださって…いい会社で本当によかったです。」

小枝子は，差押命令などと書かれた裁判所の書面をいきなり受け取った菱谷ラボラトリーがどんなに驚いたかをきちんと理解していたようだった。

「どうやら堅実な会社のようでしたから，電話をくれた経理担当の方がきちんと処理してくれたんでしょうね。」
「きっとそうですね…。じゃぁ，先生。お忙しいでしょうから，私はこれで失礼します。突然訪ねてきてしまって，申し訳ありませんでした。」

小枝子はそう言って立ち上がったので，良一郎も立ち上がってドアを開

けた。帰ろうとする小枝子と一緒に良一郎も玄関まで来ると，思い出したように小枝子が振り返って言った。
「そうそう。私の親しい友人が，３カ月ほど前にご主人を亡くされましてね。ご自宅を相続なさるというので，高宮先生を紹介して，と言われたんですけれど，お願いできるでしょうか？」
「もちろんですよ。ぜひご紹介ください。三浦さんのお名前を言ってくだされば大丈夫ですから。」
　良一郎は，嬉しかった。事件が終わった依頼者が別の案件を紹介してくれるということは，自分の仕事を評価してくれたのと同じことなのだ。依頼者からの最高のプレゼントに，良一郎は心から感謝したのであった。
　小枝子を見送ってから，良一郎は，事務室へ戻ると真冬よりも強くなってきた西日が差し込む西側の窓のところで立ち止まり，ほっこりとした気持ちで夕日に染まっていく街並みをぼんやりと眺めていた。
　小枝子の事件は，訴訟から全額回収まで足掛け３年であった。その間に亜沙美は有能な事務員に成長し，陽次が司法書士となって，自分と由美には良太という息子が生まれて親になっていた。それにしても三好もずいぶんと手こずらせてくれたものである。
「長かったなぁ。」
「そうですね。登記は受託すればすぐに動き出すけれど，訴訟のスパンは全く違いますからね。」
　会社の議事録を作っていた陽次が，パソコン画面から顔を上げて良一郎の独り言に返事をした。
「そうだよね。それにしても，結局三好には１回も会わなかったなぁ…。」
　良一郎は，夕日で赤く染まる窓の外を眺めながら思わずつぶやいた。
「ぼくも三浦さんとは１回も話をしなかったなぁ。」
　陽次の何気ない言葉で振り返った良一郎は，コピー機の前から振り向いた亜沙美と目が合った。二人とも今，そのことに気づいたのだ。
「いやだぁ，センパイ。ホントだわ。そうでしたよね！」

亜沙美の大笑いにつられるように，良一郎も陽次もくったくなく笑った。

　やがて亜沙美は，良一郎から指示された書類のコピーをふたたび取り始めた。順番を間違えないように，と思って原本をよく見ると「賃料請求事件」と書いてある。
「家賃滞納ねぇ…。同じ家賃でも事情が違うといろいろあるのね。まだまだ知らない世界がありそうだわ。」
　窓から差し込んでくる，先ほどより弱くなった夕日を浴びながら，亜沙美はひとりつぶやいた。

解説1　少額訴訟債権執行の概要

　ストーリーでは「三浦小枝子」が「三好敬二」に対して有する金銭債権の額が100万円でしたが，仮にそれが60万円以下の金銭債権であって，「三浦小枝子」が「三好敬二」に対して提起した訴訟が民事訴訟法第6編（368条〜381条）の「少額訴訟」であった場合には，当然，少額訴訟債権執行を検討する必要があります。

　そこで，ここでは，少額訴訟債権執行について，簡単に触れてみたいと思います。

1．少額訴訟債権執行とは

　まず，少額訴訟債権執行とは，これまで説明してきた債権執行の一形態ともいうべき手続ですが，そもそも少額訴訟が訴訟の場面において，「訴訟の目的の価額が60万円以下の金銭の支払の請求」（民訴法368条1項）という少額の債権について，原則として1期日での審理（民訴法370条），反訴の禁止（民訴法369条），即日判決（民訴法374条1項），控訴の禁止（民訴法377条）など，簡易迅速に債務名義を得ることを目的とする制度であることに対応して，民事執行の場面においても，同様に少額の債権について簡易迅速に債権を回収することを目的とする制度です。

　ストーリーにおいては「三浦小枝子」が「三好敬二」の銀行預金等についての通常の債権執行を申し立てましたが，この通常の債権執行と比べると，少額訴訟債権執行は，事件数がまだ圧倒的に少ないのが現状です。実際，平成29年度における「債権及びその他の財産権に対する強制執行」の事件数117,052件と比較すると，「少額訴訟債権執行」は911件と，実に120倍以上の開きがあるのです（司法統計より）。

2．少額訴訟債権執行の債務名義

少額訴訟債権執行は，その名のとおり，「少額訴訟に係る債務名義」に基づく強制執行に限られます。具体的には，
① 少額訴訟の確定判決
② 仮執行宣言付の少額訴訟判決
③ 少額訴訟における訴訟費用または和解の費用の負担の額を定める裁判所書記官の処分
④ 少額訴訟における和解または認諾の調書
⑤ 少額訴訟における民訴法275条の2第1項の規定による和解に代わる決定

の5つです（法167条の2第1項）。

なお，少額訴訟判決に対する異議申立て後の少額異議判決（民訴法379条，民訴規則231条1項）は，「少額訴訟に係る債務名義」に含まれますが，通常訴訟へ移行した後の判決等については，含まれないと解されています（『新基本法コンメンタール民事執行法』399頁，中野・下村『民事執行法』759頁参照）。

3．少額訴訟債権執行の対象

少額訴訟債権執行の対象となる債権は，「金銭債権」に限られ，通常の債権執行のように「その他の財産権」（法167条参照）は対象とはなりません（法167条の2第1項）。

そして，その「金銭債権」についても，少額訴訟債権執行が簡易迅速に債権を回収することを目的とする制度であることから，実務上は，比較的定型的・単純に被差押債権の特定を行うことができる①預金債権，②給与債権，③賃料債権，④敷金返還請求権の4つに絞られているようです（『新基本法コンメンタール民事執行法』400頁，『民事執行の実務・債権執行編（下）』300頁参照）。

4．少額訴訟債権執行の手続の流れ

　次に，少額訴訟債権執行の手続の流れをざっとみていきましょう。ここでは「三浦小枝子」が「三好敬二」に対して有する債権の額が60万円であり，かつ，「三浦小枝子」が得た債務名義が少額訴訟の確定判決だったと仮定して，預金債権を中心に少額訴訟債権執行の手続をみていくことにします。

(1) 少額訴訟債権執行の申立て及び第三債務者への陳述催告の申立て

　まず，少額訴訟債権執行をするためには，少額訴訟債権執行申立書を作成したうえで（規則1条），必要書類を添付して，原則として，前記2．の①〜⑤の債務名義の成立した簡易裁判所の裁判所書記官に対して申立てをします（法167条の2第3項各号）。申立先が通常の債権執行のように「裁判所」ではなく，「裁判所書記官」であることに注意してください。

　なお，その際，第三債務者への陳述催告の申立てを同時にすることが通常で，それが，裁判所書記官が差押処分を送達する際に行わなければならないために少額訴訟債権執行の申立てと同時に申し立てる必要がある点については，通常の債権執行の場合と同様です（法167条の14による147条1項の準用）。

　ストーリーでいえば，「三浦小枝子」が「三好敬二」に対する少額訴訟を「つかさ簡易裁判所」に提起して少額訴訟の確定判決を得たことになるため，同判決をした「つかさ簡易裁判所の裁判所書記官」に対して少額訴訟債権執行及び第三債務者への陳述催告を申し立てることになります。なお，少額訴訟債権執行申立書等の記載事項及び添付書類については，後述します。

(2) 「認定司法書士」の代理

　通常の債権執行の場合，司法書士は，債権執行の申立代理人となることはできず申立書を作成するにとどまりますが（司法書士法3条1項6号柱書ただし書及び4号），少額訴訟債権執行については，原則として「認定司法書士」は申立代理人となることができます（同条1項6号ホ）。

(3) 差押禁止債権

　少額訴訟債権執行においても，社会政策的配慮により債務者やその家族の最低限の生活保障を図るため，ⅰ）民事執行法，ⅱ）特別法，ⅲ）権利の性質により差押えを禁止されている債権があることは，通常の債権執行の場合と同様ですので，【債権執行の概要】の「3．債権執行の手続の流れ」の「(2)差押禁止債権」(147ページ)を参照してください。

(4) 差押処分及び送達等

　次に，簡易裁判所の裁判所書記官が少額訴訟債権執行申立書等をチェックしたうえで，書類や法律上の問題がないと判断した場合には，裁判所書記官は，債務者に対し金銭債権の取立てその他の処分を禁止し，かつ，第三債務者に対し債務者への弁済を禁止する旨の差押処分を発します（法167条の5第1項）。なお，「差押命令」ではなく「差押処分」というのは，通常の債権執行と異なり，裁判所ではなく裁判所書記官が行うからです。

　この差押処分は，債務者及び第三債務者にその正本が送達されますが（法167条の5第2項による145条3項の準用，規則149条の4第2項），差押処分の効力発生時は第三債務者への送達時（法167条の5第2項による145条4項の準用）ですので，差押処分正本が第三債務者に送達される前に債務者に送達されてしまうと，債務者が被差押債権を処分（預金を引き出すなど）するおそれがあることから，実務上は，通常の債権執行の場合と同様，第三債務者へ差押処分正本が送達された後に，債務者に送達する取扱いとなっています（『新基本法コンメンタール民事執行法』403頁，園部『民事執行の実務（下）』658頁参照）。

　また，申立債権者（差押処分がなされた後は「差押債権者」という）には，差押処分正本を普通郵便等で送るなど，適宜の方法にて差押処分が告知されます（規則149条の3第2項，『民事執行の実務（下）』658頁参照）。そのほか，差押処分が債務者（第三債務者ではない）に送達されてから1週間が経過すると，差押債権者は，第三債務者から被差押債権を直接取り立てることができる（法167条の14による155条1項の準用）ため，差押債権者には，差押処分正本が債務

者及び第三債務者に送達された旨及び送達年月日を記載した送達通知書も送られてきます（規則150条による134条の準用）。さらに，東京簡易裁判所では，第三債務者から陳述書が裁判所と債権者に送付されることになっていますので，差押債権者には，第三債務者から陳述書が直接送付されることになります（裁判所Webより）。

ストーリーでいえば，「司法書士高宮良一郎」が「三浦小枝子」から「日の出銀行つかさ支店」の「三好敬二」の預金債権に対する少額訴訟債権執行の申立代理人を受任していた場合，申立てを受けた「つかさ簡易裁判所の裁判所書記官」は，まず，差押処分正本を「日の出銀行つかさ支店」に送達した後，「三好敬二」にも送達し，その後，申立代理人である「司法書士高宮良一郎」に差押処分正本及び送達通知書を普通郵便等で送付します。また，「司法書士高宮良一郎」には，「日の出銀行つかさ支店」から直接陳述書が送付されてくることになります。

(5) 第三債務者の陳述

第三債務者の陳述については，通常の債権執行の場合と同様です（法167条の14による147条1項の準用，規則150条による135条1項各号の準用）ので，【債権執行の概要】の「3．債権執行の手続の流れ」の「(4) 第三債務者の陳述」(150ページ) を参照してください。

ストーリーでいえば，「三好敬二」は「日の出銀行つかさ支店」から預金債権を上回る額のカードローンを借りているので，「つかさ簡易裁判所の裁判所書記官」から陳述催告を受けた「日の出銀行つかさ支店」は，「三好敬二」の預金債権とカードローン債権を対等額にて相殺した旨を陳述書に記載し，「つかさ簡易裁判所の裁判所書記官」及び申立代理人「司法書士高宮良一郎」に送付することになります。

(6) 取立権の行使

第三債務者が他の差押え等と競合したときなどにより供託しなければならな

かった場合（法167条の14による156条2項の準用）やいわゆる「空振り」の場合，あるいは，第三債務者が自ら供託した場合（法167条の14による156条1項の準用）などを除き，差押処分が債務者に送達された日から1週間を経過すると，差押債権者が被差押債権を第三債務者から直接取り立てることができる（法167条の14による155条1項の準用）ことは，通常の債権執行と同様です。

そこで，取立ての要件や方法については，【債権執行の概要】の「3．債権執行の手続の流れ」の「(5) 取立権の行使」（151ページ）を参照してください。

(7) 取立訴訟

第三債務者が，差押債権者の取立てに任意に応じない場合には，差押債権者は，第三債務者に対し，直接自己に支払うよう求める「取立訴訟」を提起することができる（法167条の14による157条1項の準用）こと，簡易裁判所における取立訴訟については，「認定司法書士」が代理することができると解されていることについては，通常の債権執行の場合と同様です。

ストーリーでいえば，仮に「三好敬二」の預金債権の差押えが功を奏したにもかかわらず，「日の出銀行つかさ支店」が支払いに応じない場合（通常はそのようなことはないでしょうが…）には，「司法書士高宮良一郎」は「三浦小枝子」から委任を受け，「日の出銀行つかさ支店」に対し，同行の普通裁判籍である「つかさ簡易裁判所」（民訴法4条4項）に取立訴訟を提起することができるわけです。

(8) 取立届の提出

通常の債権執行の場合と同様，差押債権者は，第三債務者から支払いを受けたときは，請求債権及び執行費用について，支払いを受けた額の限度で弁済されたものとみなされる（法167条の14による155条2項の準用）ため，支払いを受けたときは，直ちに，「取立届」を簡易裁判所の裁判所書記官に提出する必要があります（法167条の14による155条3項の準用，規則150条による137条の準用）。

なお，賃料債権や給与債権等の継続的給付債権（法151条）の場合についても，

通常の債権執行の場合と同様です。

(9) 債務名義の還付

通常の債権執行の場合と同様，ストーリーのような「空振り」や請求債権額の一部しか支払いを受けることができなかった場合には，差押債権者は，少額訴訟債権執行を取り下げることになりますが，その際，差押債権者は，裁判所書記官に対して執行力のある債務名義の正本の還付を求めることができます（規則149条の6第3項による62条2項の準用）。

(10) 配当等のための移行，転付命令等のための移行，裁量移行

少額訴訟債権執行は，簡易迅速に債権を回収することを目的とする制度です。

そのため，第三債務者が被差押債権を供託した場合（法167条の14による156条1項及び2項等の準用）において，債権者が2人以上であって供託金で各債権者の債権及び執行費用の全部を弁済することができないため配当を実施すべきときは，裁判所書記官の所属する簡易裁判所は，職権で，その所在地を管轄する地方裁判所における通常の債権執行の手続に事件を移行させなければならないとされています（法167条の11第1項）。

また，上記の目的と同様の理由により，少額訴訟債権執行においては，転付命令（法159条1項），譲渡命令，売却命令，管理命令，その他相当な方法による換価を命ずる命令（以上，法161条1項）を求めようとするときは，差押債権者は，裁判所書記官の所属する簡易裁判所に対し，転付命令等のうちいずれの命令を求めるかを明らかにして，通常の債権執行の手続に事件を移行させることを求める旨の申立てをしなければならないとされています（法167条の10第1項）。

さらに，裁判所書記官の所属する簡易裁判所は，被差押債権の内容その他の事情を考慮して相当と認めるときは，その所在地を管轄する地方裁判所における通常の債権執行の手続に事件を移行（「裁量移行」）させることができます（法167条の12第1項）。例えば，前記「**3．少額訴訟債権執行の対象**」（240ペー

ジ）にて述べたように，実務上は，少額訴訟債権執行における被差押債権は，比較的定型的・単純に債権の特定を行うことができる①預金債権，②給与債権，③賃料債権，④敷金返還請求権の4つが想定されているため，それ以外の債権に対して少額訴訟債権執行を申し立てた場合には，債権の特定のための補正などに複雑な検討を要することも多く，このような場合には，裁量移行の措置がとられることも考えられるとのことです（『民事執行の実務・債権執行編（下）』300頁）。しかし，「認定司法書士」が少額訴訟債権執行の申立代理人となっている場合には，被差押債権を他の債権と識別できるよう明確に特定して申し立てることができるため，申立債権者の利益保護の観点から，「認定司法書士」の申立代理権を失わせる裁量移行は，可能な限り抑制的に運用されるべきでしょう。

解説2　少額訴訟債権執行の申立て（預金債権）

　ストーリーでは,「司法書士高宮良一郎」が「三浦小枝子」から「日の出銀行つかさ支店」の「三好敬二」の預金債権に対する債権差押命令申立書の作成の委託を受けていますが, ここでは「三浦小枝子」が「三好敬二」に対して有する金銭債権の額が60万円（30万円の2回払い）であり, かつ,「三浦小枝子」が得た債務名義が少額訴訟の確定判決であると仮定して考えてみることにしましょう。

　今回は,「司法書士高宮良一郎」が「三浦小枝子」の申立代理人として,「日の出銀行つかさ支店」の「三好敬二」の預金債権に対する少額訴訟債権執行を申し立てる場合ですので, 通常の債権執行とは少し違う流れになります。

1．申立てをする前に

　預金債権に対する少額訴訟債権執行を申し立てる際には, 預金債権に対する通常の債権差押命令を申し立てる場合と同様,「預金債権の特定」及び「債務者の借入れ」について検討しておく必要がありますが, 詳細については,【債権執行の申立て（預金債権）】の「1．申立てをする前に」の「(1)　預金債権の特定について」(157ページ) 及び「(2)　債務者の借入れについて」(158ページ) を参照してください。

2．少額訴訟債権執行申立書の作成

　預金債権に対する少額訴訟債権執行を申し立てるには, 少額訴訟債権執行申立書を作成しますが（規則1条）, そのほかにいくつかの添付書類が必要となります。

　債権差押処分においても, 通常の債権差押命令の場合と同様, 債権の処分が

極めて容易であり，債務者が被差押債権を処分してしまうことを防止する必要があることに変わりがありません。そこで，債務者及び第三債務者を審尋することなしに，申立書の記載や添付書類のみから形式的に判断して債権差押処分が発せられます（法167条の5第2項による145条2項の準用）。そのため，後述するとおり，特に申立書の記載事項については，実務上，細かい点まで正確に記載することが求められています。

では，実際に「株式会社日の出銀行つかさ支店」の「三好敬二」の預金債権に対する少額訴訟債権執行申立書を作成していくことにしましょう。

3．預金債権に対する少額訴訟債権執行申立書の添付書類及び取得方法

正確な申立書を作成するためには，前もっていくつかの添付書類を取得すべきですから，まずは添付書類から確認していくことにします。

(1) 執行力のある債務名義の正本（規則21条）

通常の債権差押命令の場合と同様，少額訴訟債権執行においても「執行力のある債務名義の正本」が必要ですが，【少額訴訟債権執行の概要】の「2．少額訴訟債権執行の債務名義」（240ページ）で述べたとおり，通常の債権差押命令と異なり，

① 少額訴訟の確定判決（民訴規則231条1項の少額異議判決を含む。以下，同じ）
② 仮執行宣言付の少額訴訟判決
③ 少額訴訟における訴訟費用または和解の費用の負担の額を定める裁判所書記官の処分
④ 少額訴訟における和解または認諾の調書
⑤ 少額訴訟における民訴法275条の2第1項の規定による和解に代わる決定

の5つに債務名義が限定されています。

また，①の「少額訴訟の確定判決」と②の「仮執行宣言付の少額訴訟判決」の2つについては，原則として執行文の付与が不要です（法25条ただし書）。もっとも，債務名義に停止条件等がある場合の「条件成就執行文」（法27条1項）や債務名義に表示された当事者以外の者を債権者または債務者とする「承継執行文」（法27条2項）については，すべての債務名義について必要です。

ストーリーでは，「三浦小枝子」が「三好敬二」に対して少額訴訟を提起して確定判決を得たことになり，この確定した少額訴訟判決正本が「執行力のある債務名義の正本」となるわけです。

(2) 送達証明書

預金債権に対する通常の債権差押命令申立書を作成する場合と同様ですので，【債権執行の申立て（預金債権）】の「3．預金債権に対する債権差押命令申立書の添付書類及び取得方法」の「(2) 送達証明書」（160ページ）を参照してください。

(3) 第三債務者の登記事項証明書等（規則15条の2による民訴規則18条及び15条の準用）

預金債権に対する通常の債権差押命令申立書を作成する場合と同様ですので，【債権執行の申立て（預金債権）】の「3．預金債権に対する債権差押命令申立書の添付書類及び取得方法」の「(3) 第三債務者の登記事項証明書等」（160ページ）を参照してください。

なお，東京簡易裁判所においては，会社法人等の登記事項証明書等の書類は発行後1カ月以内のものが必要ですが（令和元年5月現在・裁判所Web），裁判所により必要となる書類，期限が異なることもあると思われるので，少額訴訟債権執行を申し立てる前に裁判所に問い合わせて確認してください。

(4) 債務者等の住民票，戸籍の附票等

預金債権に対する通常の債権差押命令申立書を作成する場合と同様ですので，

【債権執行の申立て（預金債権）】の「3．預金債権に対する債権差押命令申立書の添付書類及び取得方法」の「(4) 債務者等の住民票，戸籍の附票等」(161ページ）を参照してください。

(5) 委任状等

代理人が少額訴訟債権執行を申し立てる場合には，委任状等の代理権限を証する書面を添付します（規則15条の2による民訴規則23条1項の準用）。

ストーリーでいえば，「三浦小枝子」が「司法書士高宮良一郎」に対して，「日の出銀行つかさ支店」の「三好敬二」の預金債権に対する少額訴訟債権執行の申立てを委任する旨の委任状です。なお，本来であれば，少額訴訟の手続において訴訟代理人となった「司法書士高宮良一郎」は，あらためて委任を受けることなく少額訴訟債権執行の申立代理人となることができる（司法書士法3条7項ただし書，民訴法55条1項）のですが，実務上は，委任状の再提出を求める取扱いが多いようです（『書式　債権・その他財産権・動産等執行の実務』740頁参照）。

(6) 郵便切手（予納郵券），申立手数料

【少額訴訟債権執行の概要】の「4．少額訴訟債権執行の手続の流れ」の「(4) 差押処分及び送達等」(242ページ）で述べたとおり，債務者及び第三債務者には差押処分正本が送達され，また，申立代理人には，裁判所より差押処分正本及び送達通知書，第三債務者より陳述書が普通郵便等にて送付されるため，その分の郵便切手（予納郵券）をあらかじめ提出します。ちなみに，東京簡易裁判所においては，債権者・債務者・第三債務者各1名の場合の予納郵券は5,330円分となっています（令和元年5月現在，裁判所Webより）。

なお，少額訴訟債権執行の申立手数料として，債権者及び債務者が各1名で債務名義が1個の場合には4,000円分の収入印紙が必要となりますが（民訴費用法3条1項，別表第1の11イ），申立手数料だけでなく郵便切手の組み合わせについても債務名義の数や裁判所によって異なりますから，少額訴訟債権執行を

申し立てる前に裁判所に問い合わせて確認してください。

(7) 各目録その他

　東京簡易裁判所においては，当事者目録，請求債権目録，差押債権目録を各1部提出する必要がありますが（令和元年5月現在・裁判所Webより），必要な目録やその他の書類については，裁判所によって異なる場合もあると思われます。少額訴訟債権執行を申し立てる前に裁判所に問い合わせて確認してください。

4．少額訴訟債権執行申立書の記載事項

　申立ての添付書類が揃ったところで，次に「株式会社日の出銀行つかさ支店」の「三好敬二」の預金債権に対する少額訴訟債権執行申立書を作成していくことにしましょう。なお，具体的な記載については，【記載例11】を参考にしてください。

　少額訴訟債権執行の場合の申立書は，「少額訴訟債権執行申立書」，「当事者目録」，「請求債権目録」，「差押債権目録」の4部構成とすることが通常です。なお，「少額訴訟債権執行申立書」と各目録は，左側余白部分をホッチキスで綴じ，各ページの間に申立代理人の印鑑にて契印（割印）をします。もっとも，裁判書類については，一般的に各ページの下部中央にページ数を記載すれば契印（割印）を省略できるところ，東京簡易裁判所ではそのような取扱いとなっています（裁判所Webより）。以上は，その他の執行申立手続と同様です。

(1) 「少額訴訟債権執行申立書」の記載事項

　まず，標題として，「少額訴訟債権執行申立書」と記載します（規則15条の2による民訴規則2条1項2号の準用）。次に，裁判所書記官の表示として，「三浦小枝子」の「三好敬二」に対する少額訴訟判決を言い渡した「つかさ簡易裁判所」の「裁判所書記官」を記載し，申立年月日として，申立書の提出日を記載

します（規則15条の2による民訴規則2条1項4号及び5号の準用）。なお，この申立年月日が，実務上，請求債権の遅延損害金等の金額を画する機能を有することは，預金債権に対する通常の債権差押命令の場合と同様です。

　続いて，申立代理人である「司法書士高宮良一郎」の事務所住所と「申立債権者代理人司法書士　高宮良一郎」と記載し，その横に職印を押印します（規則15条の2による民訴規則2条1項柱書及び1号の準用）。さらに，事務所の電話番号及びFAX番号も記載します。なお，後になって少額訴訟債権執行を取り下げることになった場合，取下書に押印する印鑑が申立書に押印した印鑑と異なる場合には，実務上，実印と印鑑証明書が必要となるので注意してください（裁判所Webより）。

　ところで，先ほど「少額訴訟債権執行申立書」，「当事者目録」，「請求債権目録」，「差押債権目録」の4部構成とすることが通常であると述べましたが，それは，通常，「少額訴訟債権執行申立書」の中に「当事者　別紙目録のとおり」，「請求債権　別紙目録のとおり」，「差押債権　別紙目録のとおり」と記載するため，「別紙目録」として，別途「当事者目録」，「請求債権目録」，「差押債権目録」を作成することになるのです。

　次に，少額訴訟債権執行の場合にも，民事執行規則21条3号において「強制執行の方法」を記載するよう規定しています。そのため，「債権者は，債務者に対し，別紙請求債権目録記載の少額訴訟に係る債務名義の正本に表示された上記請求債権を有しているが，債務者がその支払をしないので，債務者が第三債務者に対して有する別紙差押債権目録記載の債権の差押処分を求める。」のように記載します。

　また，【少額訴訟債権執行の概要】の「4．少額訴訟債権執行の手続の流れ」の「(1)　少額訴訟債権執行の申立て及び第三債務者への陳述催告の申立て」（241ページ）で述べたとおり，通常，少額訴訟債権執行の申立てと同時に第三債務者への陳述催告の申立てをすることから，申立書には，「陳述催告の申立て（法167条の14，147条1項）」などと記載します。

　最後に，ストーリーでいえば，「1　少額訴訟に係る債務名義の正本」，「2

解説2　少額訴訟債権執行の申立て（預金債権）　253

同送達証明書」，「3　資格証明書」，「4　委任状」を「添付書類」として記載します（規則15条の2による民訴規則2条1項3号の準用）。

(2)　「当事者目録」の記載事項

　ストーリーでは，申立債権者である「三浦小枝子」の住所と郵便番号に加え，債権者の氏名として「債権者　三浦小枝子」と記載し，同様に申立代理人として「司法書士高宮良一郎」の事務所住所と郵便番号に加え，「債権者代理人司法書士　高宮良一郎」と記載します（規則21条1号）。なお，債権者及び債務者の住所・氏名が債務名義の住所・氏名と異なる場合には，「債務名義上の住所」，「債務名義上の氏名」を併記します。

　そして，「民事執行の手続について，裁判所書記官に対し申立て，申出若しくは届出をし，又は裁判所書記官から文書の送達を受けた者は，送達を受けるべき場所（日本国内に限る。）を裁判所書記官に届け出なければならない。」と規定されており（法167条の13による16条1項の準用），送達を受けるべき場所（送達場所）の届出は，できる限り申立書に記載しなければならない（規則10条の2による民訴規則41条2項の準用）と規定されていることから，送達場所として，「司法書士高宮良一郎」の事務所住所の横に「（送達場所）」と記載します。さらに，通常の債権執行の場合と同様に，第三債務者等による問い合わせの便宜を図る観点から，当事者目録にも申立代理人の連絡先として，「司法書士高宮良一郎」の事務所の電話番号及びFAX番号も記載すべきでしょう（【債権執行の申立て（預金債権）】の「4．債権差押命令申立書の記載事項」の「(2)「当事者目録」の記載事項」（165ページ）参照）。

　次に，債務者である「三好敬二」の住所と郵便番号に加え，債務者の氏名を記載します（規則21条1号）。

　最後に，第三債務者である「日の出銀行」の本店所在地と郵便番号に加え，商号として「株式会社日の出銀行」，代表者の資格及び氏名として「代表者代表取締役○○○○」と記載します（規則150条による133条1項の準用）。また，送達場所として，「日の出銀行つかさ支店」の支店所在地と郵便番号に加え，

「株式会社日の出銀行つかさ支店」と記載し，預金債権の取扱店舗である支店を特定する必要があることは，通常の預金債権に対する債権差押命令の場合と同様です。

(3) 「請求債権目録」の記載事項

請求債権は，債務名義に表示された給付請求権ですから，ストーリーの場合，「特定商取引に関する法律第9条1項の解除に基づく原状回復請求権としてのリフォーム工事代金返還請求権」です。

そして，債務名義が「つかさ簡易裁判所」の少額訴訟の確定判決（法167条の2第1項1号）ですから，「債務名義の表示」（規則21条2号）として，まず，「つかさ簡易裁判所平成24年（少コ）第○○号事件の少額訴訟における確定判決正本に表示された下記金員及び執行費用」のように記載したうえで，「1．元金」として「金60万円　主文第1項の金員」，「2．損害金」として「金○○○○円　下記(1)及び(2)の損害金の合計額　(1)上記1の元金のうち金30万円に対する平成24年9月1日から平成25年6月××日まで年6％の割合による損害金○○円　(2)上記1の元金のうち金30万円に対する平成24年10月1日から平成25年6月××日まで年6％の割合による損害金○○円」などと記載します。

なお，利息や損害金等の附帯請求については，通常の債権差押命令の場合と同様に「申立日までの分まで」という取扱いとなっているため，上記「平成25年6月××日」は，前記(1)の「申立年月日」を記載することになります（『書式　債権・その他財産権・動産等執行の実務』741頁，裁判所Web参照）。

また，「執行費用」についても，通常の債権差押命令の場合と基本的に同様ですので，【債権執行の申立て（預金債権）】の「4．債権差押命令申立書の記載事項」の「(3)「請求債権目録」の記載事項」（165ページ）を参照してください。

(4) 「差押債権目録」の記載事項

「差押命令」が「差押処分」となること以外は通常の預金債権に対する債権

差押命令申立書を作成する場合と同様ですので,**【債権執行の申立て(預金債権)】**の「4.**債権差押命令申立書の記載事項**」の「(4)「差押債権目録」の記載事項」(167ページ)を参照してください。

【記載例11】 少額訴訟債権執行申立書

少額訴訟債権執行申立書

つかさ簡易裁判所　裁判所書記官　　殿

平成25年6月××日

　　　　　〒123-4567　首都県つかさ市中央一丁目2番3号
　　　　　　　　　　きさらぎ法務事務所
　　　　　申立債権者代理人司法書士　　高　宮　良　一　郎　　㊞
　　　　　　　　　TEL　〇〇〇（〇〇〇）〇〇〇〇
　　　　　　　　　FAX　〇〇〇（〇〇〇）〇〇〇〇

　　　　　当　事　者　　｝
　　　　　請　求　債　権　　｝　別紙目録のとおり
　　　　　差　押　債　権　　｝

　債権者は，債務者に対し，別紙請求債権目録記載の少額訴訟に係る債務名義の正本に表示された上記請求債権を有しているが，債務者がその支払をしないので，債務者が第三債務者に対して有する別紙差押債権目録記載の債権の差押処分を求める。

　☑　陳述催告の申立て（民事執行法167条の14，同法147条1項）

添　付　書　類
　　1　少額訴訟に係る債務名義の正本　　　1通
　　2　同送達証明書　　　　　　　　　　　1通
　　3　資格証明書　　　　　　　　　　　　1通
　　4　委任状　　　　　　　　　　　　　　1通

【記載例11】 少額訴訟債権執行申立書（預金債権）

当 事 者 目 録

〒１２３－４５６７　首都県つかさ市中央二丁目３番４号
　　　　　　　　　　債　権　者　　三　浦　　小　枝　子
（送達場所）
〒１２３－４５６７　首都県つかさ市中央一丁目２番３号
　　　　　　　　　　きさらぎ法務事務所
　　　　　　　　　　債権者代理人司法書士　　高　宮　　良　一　郎
　　　　　　　　　　ＴＥＬ　○○○（○○○）○○○○
　　　　　　　　　　ＦＡＸ　○○○（○○○）○○○○

〒１２３－４５６８　首都県つかさ市本町三丁目４番５号
　　　　　　　　　　債　務　者　　三　好　　敬　二

〒○○○－○○○○　○○県○○市○○町○丁目○番○号
　　　　　　　　　　第三債務者　　　株式会社日の出銀行
　　　　　　　　　　代表者代表取締役　○　○　○　○
（送達場所）
〒１２３－４５６８　首都県つかさ市本町○丁目○番○号
　　　　　　　　　　株式会社日の出銀行つかさ支店

【記載例11】 少額訴訟債権執行申立書（預金債権）

請 求 債 権 目 録

　つかさ簡易裁判所平成24年（少コ）第〇〇号事件の少額訴訟における確定判決正本に表示された下記金員及び執行費用

1．元　　　　金　　金60万円
　　　主文第1項の金員

2．損　害　金　　金〇〇〇〇円
　　　下記(1)及び(2)の損害金の合計額
　　　(1)　上記1の元金のうち金30万円に対する平成24年9月1日から平成25年6月××日まで年6％の割合による損害金〇〇円
　　　(2)　上記1の元金のうち金30万円に対する平成24年10月1日から平成25年6月××日まで年6％の割合による損害金〇〇円

3．執　行　費　用　　金〇〇〇〇円
　　（内訳）　本申立手数料　　　　　　金4000円
　　　　　　本申立書作成及び提出費用　金1000円
　　　　　　差押処分正本送達費用　　　金〇〇〇〇円
　　　　　　資格証明書交付手数料　　　金　600円
　　　　　　送達証明書申請手数料　　　金　150円

　合　　計　　　　　　　金〇〇〇万〇〇〇〇円

【記載例11】 少額訴訟債権執行申立書（預金債権）

差 押 債 権 目 録

金〇〇〇万〇〇〇〇円
　ただし，債務者が第三債務者株式会社日の出銀行（つかさ支店扱い）に対して有する下記預金債権及び同預金に対する預入日から本処分送達時までに既に発生した利息債権のうち，下記に記載する順序に従い，頭書金額に満つるまで。

記

1. 差押えのない預金と差押えのある預金があるときは，次の順序による。
   (1) 先行の差押え，仮差押えのないもの
   (2) 先行の差押え，仮差押えのあるもの
2. 円貨建預金と外貨建預金があるときは，次の順序による。
   (1) 円貨建預金
   (2) 外貨建預金（差押処分が第三債務者に送達された時点における第三債務者の電信買相場により換算した金額（外貨）。ただし，先物為替予約があるときは，原則として予約された相場により換算する。）
3. 数種の預金があるときは，次の順序による。
   (1) 定期預金
   (2) 定期積金
   (3) 通知預金
   (4) 貯蓄預金
   (5) 納税準備預金
   (6) 普通預金
   (7) 別段預金
   (8) 当座預金
4. 同種の預金が数口あるときは，口座番号の若い順序による。
　　なお，口座番号が同一の預金が数口あるときは，預金に付せられた番号の若い順序による。

■著者紹介

仲野　知樹（なかの　ともき）

平成5年　司法書士試験合格
平成14年　司法書士登録
平成21～22年度　埼玉司法書士会　理事
平成21～26年度　日本司法書士会連合会　裁判事務推進委員会　委員
（平成25～26年度　委員長）
平成26～27年度　日本司法支援センター　埼玉地方事務所　副所長
平成27年度～　日本司法書士会連合会　紛争解決支援推進対策部
民事事件ワーキングチーム　部委員（平成27年度～　座長）
平成29年度～　日本司法書士会連合会　民事法改正対策部
民事執行法チーム　部委員
令和元年度～　埼玉司法書士会　消費者問題委員会　委員
平成21年度～　適格消費者団体・（平成30年度～）特定適格消費者団体・特定非営利活動法人　埼玉消費者被害をなくす会　検討委員会　委員
（平成25年度～　理事）

恒川　照美（つねかわ　てるみ）

平成5年　司法書士試験合格
平成6年　司法書士登録
平成17～18年度　埼玉司法書士会　理事
平成19～24年度　日本司法書士会連合会　広報委員会　副委員長
平成21～24年度　埼玉司法書士会　綱紀委員会　委員
平成21年度～　適格消費者団体・（平成30年度～）特定適格消費者団体・特定非営利活動法人　埼玉消費者被害をなくす会　検討委員会　委員

債権回収ものがたり
――司法書士による不動産・動産・債権の執行実務

2019年10月1日　第1版第1刷発行

著　者	仲　野　知　樹
	恒　川　照　美
発行者	山　本　　　継
発行所	㈱中央経済社
発売元	㈱中央経済グループ
	パブリッシング

〒101-0051　東京都千代田区神田神保町1-31-2
電話　03 (3293) 3371 (編集代表)
　　　03 (3293) 3381 (営業代表)
https://www.chuokeizai.co.jp/
印刷／㈱堀内印刷所
製本／㈲井上製本所

Ⓒ 2019
Printed in Japan

＊頁の「欠落」や「順序違い」などがありましたらお取り替えいた
しますので発売元までご送付ください。(送料小社負担)

ISBN978-4-502-30391-3　C3032

JCOPY〈出版者著作権管理機構委託出版物〉本書を無断で複写複製 (コピー) することは，
著作権法上の例外を除き，禁じられています。本書をコピーされる場合は事前に出版者
著作権管理機構 (JCOPY) の許諾を受けてください。
JCOPY〈http://www.jcopy.or.jp　eメール：info@jcopy.or.jp〉

会社法・法務省令大改正を収録！

「会社法」法令集 第十一版

中央経済社 編　A5判・688頁　定価3,024円(税込)

◆新規収録改正の概要
◆重要条文ミニ解説　付き
◆改正中間試案ミニ解説

会社法制定以来初めての大改正となった、26年改正会社法と27年改正法務省令を織り込んだ待望の最新版。変更箇所が一目でわかるよう表示。

本書の特徴

◆会社法関連法規を完全収録
☞ 本書は、平成17年7月に公布された「会社法」から同18年2月に公布された3本の法務省令等、会社法に関連するすべての重要な法令を完全収録したものです。

◆好評の「ミニ解説」さらに充実！
☞ 重要条文のポイントを簡潔にまとめたミニ解説。平成26年改正会社法と平成27年改正法務省令を踏まえ大幅な加筆と見直しを行い、ますます充実！

◆引用条文の見出しを表示
☞ 会社法条文中、引用されている条文番号の下に、その条文の見出し（ない場合は適宜工夫）を色刷りで明記。条文の相互関係がすぐにわかり、理解を助けます。

◆政省令探しは簡単！条文中に番号を明記
☞ 法律条文の該当箇所に、政省令（略称＝目次参照）の条文番号を色刷りで表記。意外に手間取る政省令探しもこれでラクラク。

◆改正箇所が一目瞭然！
☞ 平成26年改正会社法、平成27年改正法務省令による条文の変更箇所に色付けをし、どの条文がどう変わったのか、追加や削除された条文は何かなどが一目でわかる！

中央経済社

近日刊行！

新しい相続のルールがわかる！

―司法書士が「相続法改正」をやさしく教えます―
(仮題)

日本司法書士会連合会 [編]

A5判／84頁

　配偶者居住権の創設、遺産分割、遺言制度、遺留分制度等の見直しなど、相続法制の各種ルール変更について、身近な法律家である司法書士がやさしく解説。

◎日本司法書士会連合会・民事法改正対策部が執筆
◎見開き1テーマでコンパクトに解説
◎現実の場面で何がどう変わるのかがわかる！
◎豊富なイラストや図表で、どなたにも親しめる内容

本書の内容

PART Ⅰ　相続法改正ってどんなもの？　改正の理由・経緯
PART Ⅱ　どこが変わった？　ここが変わった！
PART Ⅲ　これからの相続法制

中央経済社

【おすすめします！】

民法改正
ここだけ押さえよう！
―司法書士が「債権法改正」をやさしく教えます―

日本司法書士会連合会 [編]

Ａ５判／104頁

　契約や売買、賃貸借といった市民生活の基本ルールを変える民法（債権法）改正が、2020年４月１日から施行。やさしく読めて、すばやく改正点がわかる本書で準備しよう！

本書の内容

PART1　「民法」ってなに？
PART2　「改正民法」ってどんなもの？
PART3　「改正民法」で何が変わった？
PART4　「改正民法」このあたりも
　　　　気になる！

短時間で改正ポイントがつかめる決定版！

中央経済社